Wer A sagt, muss nicht B sagen

Sabine Parker · Volker List

Wer A sagt, muss nicht B sagen

Agiles Handeln im beruflichen Kontext

Sabine Parker
Neuwied, Deutschland

Volker List
Hüttenberg, Deutschland

ISBN 978-3-662-62684-9   ISBN 978-3-662-62685-6 (eBook)
https://doi.org/10.1007/978-3-662-62685-6

Die Deutsche Nationalbibliothek verzeichnet diese Publikation in der Deutschen Nationalbibliografie; detaillierte bibliografische Daten sind im Internet über http://dnb.d-nb.de abrufbar.

Springer
© Der/die Herausgeber bzw. der/die Autor(en), exklusiv lizenziert durch Springer-Verlag GmbH, DE, ein Teil von Springer Nature 2021
Das Werk einschließlich aller seiner Teile ist urheberrechtlich geschützt. Jede Verwertung, die nicht ausdrücklich vom Urheberrechtsgesetz zugelassen ist, bedarf der vorherigen Zustimmung des Verlags. Das gilt insbesondere für Vervielfältigungen, Bearbeitungen, Übersetzungen, Mikroverfilmungen und die Einspeicherung und Verarbeitung in elektronischen Systemen.
Die Wiedergabe von allgemein beschreibenden Bezeichnungen, Marken, Unternehmensnamen etc. in diesem Werk bedeutet nicht, dass diese frei durch jedermann benutzt werden dürfen. Die Berechtigung zur Benutzung unterliegt, auch ohne gesonderten Hinweis hierzu, den Regeln des Markenrechts. Die Rechte des jeweiligen Zeicheninhabers sind zu beachten.
Der Verlag, die Autoren und die Herausgeber gehen davon aus, dass die Angaben und Informationen in diesem Werk zum Zeitpunkt der Veröffentlichung vollständig und korrekt sind. Weder der Verlag, noch die Autoren oder die Herausgeber übernehmen, ausdrücklich oder implizit, Gewähr für den Inhalt des Werkes, etwaige Fehler oder Äußerungen. Der Verlag bleibt im Hinblick auf geografische Zuordnungen und Gebietsbezeichnungen in veröffentlichten Karten und Institutionsadressen neutral.

© Fotograf Martin Christ, Panoramaweg 20, 56589 Niederbreitbach

Springer ist ein Imprint der eingetragenen Gesellschaft Springer-Verlag GmbH, DE und ist ein Teil von Springer Nature.
Die Anschrift der Gesellschaft ist: Heidelberger Platz 3, 14197 Berlin, Germany

So viel Wissen über unser Nichtwissen und über den Zwang, unter Unsicherheit handeln und leben zu müssen, gab es noch nie.

Jürgen Habermas (2020)

Geleitwort

Niemand konnte vor gut 20 Jahren ahnen, welche Veränderungen das agile Denken und Handeln in unserer Arbeitswelt nach sich ziehen würde. Die wenigen Sätze des „Agilen Manifests" klangen merkwürdig romantisch und vormodern, längst war die Realität in vielen Organisationen ganz anders geworden. Papier statt Interaktion, Entfremdung statt Beziehung, Formalismus und Erstarrung statt Flexibilität und Innovation. Das Agile Manifest erschien unzeitgemäß, und viele waren froh, dass es scheinbar ja „nur" aus dem Bereich der Softwareentwicklung kam, deren Antrieb schon damals für viele nicht durchschaubar, ja fremd erschien. So etwas konnte doch nur für einige wenige gelten, so hoffte man.

Dann sprach sich herum, dass Agilität bessere Ergebnisse bringe. Plötzlich schien Agilität eine Art Heilsbringer für mehr Schnelligkeit und Effizienz zu sein, der problemlos vereinnahmt werden konnte. Da war es geboren, das große Missverständnis, dass Agilität etwas mit „schneller" zu tun hätte. Überall wurde dieses Missverständnis gepflegt, weil es so gut in die alte Denkschule passte. Erst, als man merkte, dass niemand so eben einmal z. B. einen Scrum-Prozess implementiert, ohne sich selber verändern zu müssen, wurde der Blick auf die wahre Sprengkraft des agilen Ansatzes deutlich. Heute wissen wir, dass agil sein heißt, eine radikal neue Denkart zu leben, nicht bloß eine Methode, die man in 3-mal 3 Tagen lernen kann, „rebus sic stantibus". Damit war der Weg frei, nach den Grundlagen des agilen Denkens und der agilen Denkweise zu forschen.

In einem wahren Rausch des Suchens öffneten sich viele thematische Felder, die nach agilen Wurzeln durchforstet wurden. Eines dieser Felder ist die Theaterarbeit, sei es in der improvisierten, sei es in der klassischen Form. Der vorliegende Band hat diese Spurensuche zum Thema, und er zeigt auf, wie eine agile Haltung nicht nur rekonstruiert, sondern auch konstruiert werden kann. Theaterarbeit, so mein Eindruck, ist eine ideale Form, Haltung zu gewinnen und zu bewahren – eine agile Haltung.

In 2 großen Abschnitten und insgesamt 4 Kapiteln wird deutlich, was agiles Mindset ausmacht und wie eine agile Handlung zur Haltung werden kann. Dabei folgt das Buch dem Weg des Wassers, das „selber weiß, wo es hingehört". Alles fängt daher, wie ein Fluss an der Quelle, klein an.

Loslaufen, jeden Tag ein wenig besser werden und aus Gelerntem etwas lernen wollen, einfach beginnen und groß enden, sich anpassen und permanent verändern, zielorientiert und dabei selbstorganisiert vorgehen und am Ende Erfolge auch gebührlich feiern – das umschreibt die Arbeit des Einzelnen an seiner Persönlichkeit, an den Rollen, die er übernimmt. Das umschreibt aber auch die Art und Weise, wie wir als Gesellschaft zusammenarbeiten können, um besser und zufriedener zu werden.

Den Autoren gebührt daher der große Dank, das Agile auf die Bühne des Lebens zu bringen. Den Lesenden sei dieses Buch aus tiefer Überzeugung ans Herz gelegt.

Jena, im Herbst 2020   Prof. Dr. Christopher Hausmann

Inhaltsverzeichnis

Prolog.. 1
Teil I Vom agilen Handeln zur agilen Haltung..................... 5
Literatur... 19
Teil II Agiles Handeln Schritt für Schritt in Gang setzen und aktivieren.. 23
Prinzip 1 – Loslaufen, Schritt für Schritt 33
Prinzip 2 – Jeden Tag ein bisschen besser werden 43
Prinzip 3 – Mit dem Einfachen beginnen 51
Prinzip 4 – Sich mit der Umwelt verändern 60
Prinzip 5 – Auf die positiven Entwicklungen schauen 69
Prinzip 6 – Zurückschauen und beurteilen 76
Prinzip 7 – Als Team selbstorganisiert arbeiten 84
Prinzip 8 – Unterstützung holen 94
Abschluss – Erfolge feiern 106
Agilität in der Praxis – Expertengespräche 112
Literatur... 124
Epilog.. 131
Literatur und Links 133
Stichwortverzeichnis....................................... 137

Über die Autoren

Sabine Parker ist Gründerin und geschäftsführende Gesellschafterin der aisthetos akademie.
Sie berät, trainiert und begleitet als Personalentwicklerin Führungskräfte, Organisationen und Teams auf dem Weg zu mehr Selbstmanagement, Kreativität und Agilität. Darüber hinaus bildet sie als Kultur- und Theaterpädagogin Theaterpädagog:innen und Lehrkräfte aus und setzt als Projektleitung Kulturprojekte und partizipatives Unternehmenstheater um. In einer Studie wurde von ihr ein erstes Curriculum mit theatralen Methoden zur Agilisierung von Menschen und Organisationen entwickelt. Studium u.a. „Kulturpädagogik" und Master in „Weiterbildung und Personalentwicklung".

Dr. Volker List arbeitet seit den 1990er-Jahren als Unternehmensberater, Regisseur und Schauspieler und hat zahlreiche Unternehmen in Veränderungsprozessen begleitet, Großgruppenveranstaltungen designt und moderiert, Führungskräfte gecoacht und das Großgruppenformat „congress in motion©" mitentwickelt. In seinen zahlreichen Publikationen ist er aus unterschiedlichen Perspektiven der Frage nachgegangen, welche Wirkungen der Einsatz agiler Methoden auf die Agilität und das Lernen von Menschen und ihre Haltung gegenüber komplexen Veränderungen hat. Seit 2014 leitet er das Institut Angewandte Theaterforschung in Hüttenberg und publizierte 2018 die erste wissenschaftlich fundierte Didaktik für Theater.

Prolog

Der technische Fortschritt und die digitale Transformation nahezu aller Gesellschaften und Gesellschaftsbereiche ermöglichen eine globale Vernetzung und eine zunehmend schnellere Kommunikation (Industrie 4.0). Produktions- und Arbeitsprozesse werden so in einer Weise beschleunigt, wie es das in der Geschichte der Menschheit noch nicht gab.

Ursächlich für diese globale Entwicklung einer zunehmenden Unvorhersehbarkeit, Unsicherheit, Komplexität und Mehrdeutigkeit ist die tendenzielle Verfügbarkeit aller materiellen und menschlichen Ressourcen weltweit und die kommunikative Vernetzung durch die Digitalisierung. Im Akronym VUCA werden diese Einflüsse als Volatility, Uncertainty, Complexity und Ambiguity erfasst. Zunehmend werden andere, nicht tradierte Formen des Handelns notwendig. Was gestern noch galt, gilt heute schon nicht mehr. Dieser Zyklus beschleunigt sich. Er fordert zwingend, nicht nur anderes, neues Handeln und Verhalten zu erlernen, sondern auch eine generell andere Haltung gegenüber diesen sich dramatisch beschleunigenden Veränderungen der Welt.

Diese ständigen Veränderungen führen zu einer Unvorhersehbarkeit von Ereignissen. Unternehmen, Organisationen und Verwaltungen müssen sich diesen neuen Gegebenheiten anpassen, wenn sie in Zukunft bestehen wollen. Was können Führungskräfte und Verantwortliche tun, um ihre Unternehmen und Organisationen erfolgreich aufzustellen? Was muss, kann und will der einzelne Mensch leisten? Dieser Wandel erfordert in der Praxis ein Verhalten, das mit unternehmerischer Vision und Agilität gestaltet werden kann.

Die bereits bekannten und in Teilbereichen wirkungsvollen Methoden der Organisations- und Personalentwicklung reichen nicht mehr aus, um diese globalen Veränderungen zu bewältigen. Es braucht eine neue, eine agile Haltung.

Agilität wird im Volksmund und auch in der lateinischen Ableitung „agilis" mit Beweglichkeit gleichgesetzt. Ein Arbeitsumfeld, mehr noch, eine sich stetig verändernde und immer komplexer werdende Welt erfordert genau das.

Schnelllebige Zeiten lassen keine Pläne zu, die bereits bis zum Ende formuliert sein können. Es braucht so eine Experimentierfreudigkeit im Umgang mit der Unsicherheit im Außen. Das wiederum erfordert ein Umfeld, das ein mutiges Probieren zulässt.

Die Fokusfragen lauten: Was ist eine agile Haltung und welche Einflussmöglichkeiten gibt es, um diese bei Menschen zu entdecken und zu fördern? Können Menschen agiles Handeln erlernen und bereits erworbene förderliche Kompetenzen vertiefen und erweitern? Wie entstehen agile Organisationen?

Dieses Buch will Antworten geben. Es soll Motivation und Werkzeugkoffer zugleich sein und Mut machen, sich diesen neuen Herausforderungen methodisch und gezielt zu stellen.

Aufgrund der besseren Lesbarkeit wurde – sofern eine geschlechtsneutrale Formulierung nicht möglich war – häufig die männliche Schreibweise verwendet. Selbstverständlich sind jedoch immer alle Geschlechter gemeint.

Prolog

Teil I Vom agilen Handeln zur agilen Haltung

Inhaltsverzeichnis

Literatur.. 19

Handlung und Haltung

Auf der Bühne des Lebens werden Handlungsprozesse oft unbewusst vollzogen. Eine Handlung wird individuell zumeist auf Basis einer Haltung entschieden. Diese Haltung, das Mindset, wird über das Wahrnehmen individuell konstruiert. Der Mensch handelt grundsätzlich auf der Basis vorhandener Erfahrungen und muss sich mutig Neuem stellen, um zu wachsen und zu lernen. Dieser Mut erfordert ein Mindset, das an eine Entwicklung für sich und andere glaubt (Dweck 2011, S. 615).

Diese Voraussetzung, ein Growth Mindset, benötigt im Gegensatz zum Fixed Mindset immer auch die angeborenen Talente, sprich: Gene. Entscheidend ist, ob diese auch „eingeschaltet" werden, durch Umwelt-, Erfahrungs- und Lernanreize, damit sie ihre Wirkungen entfalten können.

Die Erkenntnissuche nach dem Zusammenhang genetischer Determination, früher psychosozialer Prägung und sich anschließender Sozialisation erklärt der Neurobiologe Gerhard Roth mithilfe eines zunehmend einheitlichen psychoneurobiologischen Konzepts der Persönlichkeit, denn das Lehren und das Lernen werde in hohem Maße von der Persönlichkeit bestimmt (Roth 2015, S. 29). Jeder Mensch besteht aus einem sehr eigenen Mosaik verschiedener Merkmale, das Einfluss nimmt auf die Wahrnehmung, das Fühlen, das Denken, das Erinnern und die Handlungen. Dieses Temperament sei schon bei der „Geburt deutlich ausgeprägt und in seiner weiteren Ausprägung durch frühkindliche Erfahrungen in größerem Ausmaß veränderbar, verfestigt sich aber mit zunehmendem Alter" (ebd., S. 81).

Roth erkennt, dass Stressbelastungen im vor- und nachgeburtlichen Alter mit strukturellen und funktionalen Defiziten im Hippocampus und im orbitofrontalen

Cortex einhergehen (ebd., S. 60). Menschlicher Entwicklung liege „immer eine Gen-Umwelt-Interaktion zugrunde" (ebd., S. 171 f.).

> Diese Tatsache hat erstens zur Folge, dass dasjenige, was bisher als ‚genetisch bedingt' angesehen wurde, als Kombination von genetischen und epigenetischen Prozessen betrachtet werden muss, und dass zweitens dasjenige, was als ‚angeboren' angesehen wurde, keineswegs für identisch mit ‚genetisch determiniert' gehalten werden darf. (ebd., S. 172)

Dem Menschen angeboren ist eine Affektoptimierung, die dazu führt, dass Menschen danach streben, „positive Erlebnisse zu wiederholen und negative zu unterlassen" (von Glasersfeld 2018, S. 187).

Unbewusste Motive und bewusste Ziele sollten laut Roth möglichst deckungsgleich sein. Das sei ein Garant für Zufriedenheit und Leistungsfähigkeit. Das Verfolgen selbstbestimmter Ziele und die Bewältigung von Herausforderungen mit einer hohen Eigenkontrolle der Leistung erzeuge eine starke Belohnung.

> „Es zeigt sich allgemein, dass Menschen, die ein hohes Vertrauen in die eigenen Kräfte besitzen und ein hohes Maß an Eigensteuerung bei der Leistungserbringung haben, erfolgreicher sind als solche mit geringem Vertrauen in sich und einem geringen Maß an Selbststeuerung." (Roth 2015, S. 101 f.)

Und mit all dem bewegt sich der Mensch „in seinem Handeln, Denken und Fühlen", so Hoeller, „stets in einem Spannungsfeld zwischen Sicherheit und Abenteuer" (vgl. Hoeller, Agilität in der Praxis – Expertengespräche).

Die Veränderung von Werten und Zielen ist für den Menschen, als einem nichttrivialen System, wiederum über die Reflexion der Erfahrung und Wahl der Ziele möglich (Backhausen und Thommen 2017, S. 59). Der Mensch befindet sich so, gleichermaßen selbst- und fremdbezogen, in einem ständigen Wandel (Luhmann 2017, S. 94).

Und die Organisationen?
Organisationen handeln ausgehend von Visionen und Zielen. Diese sind in ihrer autonomen Existenz „handelnde Einheiten", deren Mitarbeiter wiederum als „handelnde Einheiten" agieren (Simon 2018, S. 14). Kommunikative Prozesse verbinden diese Vielzahl an Handlungen. Wie handlungsfähig sich eine Organisation zeigt, kann daran gemessen werden, inwiefern und in welchem Maße die Wahrnehmung Einzelner in die Kommunikation der Organisation gelangt. Hier entscheidet sich auch, inwieweit Kompetenzen und Fähigkeiten der Menschen berücksichtigt werden (Simon 2018, S. 38). Eine erfolgreiche Selbststeuerung von Mitarbeitern in Unternehmen erfolgt nur auf Basis eines weitgehenden Commitments von individuellen Zielen und Unternehmenszielen. Erst dann wirken sich Handlungen grundlegend auf das Überleben und Sichern der Organisation aus und können geplantes Wachstum realisieren. Die Erkenntnis ist bereits da: Für die Zukunft von Organisationen ist es essenziell, zunehmend schnelleren Veränderungen mit einer agilen Haltung zu begegnen.

Agilität bedeutet weit mehr, als die ursprüngliche Definition von Beweglichkeit und Flinkheit vermuten lässt. Auch wenn der Begriff in einem „Jahrhundert der Beschleunigung" inflationäre Nutzung erfährt. Eine agile Unternehmenskultur zeigt sich über die Haltung der Mitarbeiter, aus der heraus Menschen und Organisationen agil wirksam sind. Sie ist Ausdruck von Werten und Einstellung.

Vier agile Werte wurden in der jüngsten Vergangenheit für den Bereich der Softwareentwicklung priorisiert (Beck et al. 2001):

- Individuen und Interaktionen
- Funktionierende Software
- Zusammenarbeit mit dem Kunden
- Reagieren auf Veränderung

Die Vorbereitung der Mitarbeiter auf die kulturelle Anpassung erfordert parallel oder vorgeschaltet zu den agilen Techniken, wie z. B. Scrum, ein anderes, ein agiles Handeln, das sich nach zugrunde liegenden Prinzipien ausrichtet, die Einfluss aufeinander nehmen und auf den benannten Werten basieren (Preußig 2018, S. 44):

Agile Prinzipien

1. Iterationen
2. Inkremente
3. Einfachheit
4. Veränderungen
5. Reviews
6. Retrospektiven
7. Selbstorganisierte Teams
8. Kooperation mit Fachexperten

Diese Bedingungen zur praktischen Umsetzung beruhen auf den 12 Prinzipien, die Kent Beck für den Bereich der Softwareentwicklung formuliert hat (Beck et al. 2001). Preußig hat 8 Prinzipien isoliert, die auch außerhalb des IT-Kontextes zur Anwendung kommen können. Im Grundsatz beeinflussen und unterscheiden diese sich im Hinblick auf ihre Handlungserfordernisse.

Doch wie handelt man agil?

Voraussetzungen für agiles Handeln auf individueller Ebene

> Denn dass niemand den anderen versteht, dass keiner bei denselben Worten dasselbe, was der andere, denkt, dass ein Gespräch, eine Lektüre bei verschiedenen Personen verschiedene Gedankenfolgen aufregt, hatte ich schon allzu deutlich eingesehen.
> Johann Wolfgang von Goethe in „Dichtung und Wahrheit"

Per Definition bildet das Individuum (lat., Unteilbares, nicht zu Teilendes) eine Einheit aus biologischem und psychischem System, die sich scheinbar im Verhalten und anderen Äußerlichkeiten zeigt. Eine Person ist somit ein soziales Konstrukt (Simon 2018, S. 42). Der Einzelne tritt in 3 Dimensionen auf: als Person auf der Mikroebene, in der Profession auf der Mesoebene und als Inhaber einer Funktion auf der Makroebene (Rappe-Giesecke 2008, S. 39). Das berufliche Handeln sieht den Menschen in unterschiedlichen Rollenkonstellationen, die ein bestimmtes Verhalten erwarten lassen und wiederum einen Einfluss auf sein Leben nehmen (Schreyögg 2011, S. 52). Die Rolle, als verbindender Begriff zwischen Individuum und Gesellschaft, ist auf einen Einzelnen zugeschnitten und kann durch verschiedene Menschen eingenommen werden (Luhmann 2017, S. 240 f.). Hierbei treffen äußere Erwartungen auf innere Bedürfnisse und Kompetenzen.

Der Mensch als solches ist ein operational in sich geschlossenes System, das mit selbst aufgebauten Strukturen umgeht. Insofern besteht, aufgrund dieser Geschlossenheit, eine logische Beschränkung der externen Einflussnahme (von Schlippe und Schweitzer 2016, S. 94). Es gibt keine linearen Ursache-Wirkungs-Ketten in sogenannten nichttrivialen Systemen. Inwieweit eine Veränderung stattfinden kann oder auch welche neuen Strukturen sich bilden können, ist abhängig von den bereits vorhandenen Strukturen (Luhmann 2017, S. 104). Wahrgenommenes wird so auf Basis eigener Erfahrungen bewertet. Grundlegend ist hierbei: „Wissen wird vom denkenden Subjekt nicht passiv aufgenommen, sondern aktiv gebaut" (von Glasersfeld 2018, S. 48). Die Erfahrung des Individuums richtet sich somit nach dem, was der Einzelne aus dem Vielen konstruiert. Das Individuum entscheidet, was mit welcher Bedeutung bei ihm ankommt, und reagiert so auf das, was es auf Grundlage der eigenen Strukturen erlebt, oder vereinfacht: Wirklich ist das, was der Mensch für wirklich hält. Das Gedächtnis und somit auch die Haltung zur Welt und die daraus folgenden Handlungen sind somit höchst subjektiv.

Gedächtnis, also das, was einen Menschen zu einer einmaligen Persönlichkeit macht, müsse verstanden werden als Prozess (Korte 2019, S. 41). Das sogenannte autobiografische Gedächtnis hängt demnach „vor allem und zu allererst davon ab, wie etwas abgespeichert wird", nicht was und wo (ebd., S. 41). Dabei greife der Erinnerungsprozess selbst in die gespeicherten Erinnerungen ein und modifiziere diese bei Erinnerungsvorgängen, denn ein Gedächtnis ist nicht annähernd in der Lage, das, was wir erlebt und erfahren haben, präzise und dauerhaft zu speichern (ebd., S. 52). Dieses Vorgehen habe den Vorteil, dass Erinnerungen immer einen aktuellen Bezug zum gerade Erlebten hätten (ebd., S. 41). Dabei könnten Ereignisse, die später im Leben stattfänden, durchaus die Erinnerung an vorhergehende Erlebnisse verändern bzw. überlagern. Der Neurowissenschaftler Martin Korte vermutet, dass wir unser Gedächtnis nicht in erster Linie dafür hätten, im Zeitpfeil zurückzuschauen, sondern die Zukunft zu planen. Es ermögliche, sich die abgespeicherten Informationen zu vergegenwärtigen, um sich Dinge und Umstände vorzustellen, die existierten oder geschehen könnten. Das Gedächtnis dient somit als Grundlage einer Selbstreflexion im Sinne von „lessons learned" und ermöglich zugleich eine Vorwärtsstrategie. Korte nutzt zur Veranschaulichung dieses Vorganges die von den beiden Kognitionswissenschaftlern Thomas Suddendorf und

Michael Corbalis entwickelte Theatermetapher. Es bedürfe einer Bühne, das ist das Arbeitsgedächtnis, um alle Informationen, die man aus einem Gedächtnis abrufen könne, mental zu präsentieren, bis sich alles zu einer Episode zusammenfüge. Des Weiteren benötige man eine Art Regiebuch, das als Regelwerk festhalte, in welcher Weise vergangene Ereignisse rekonstruiert und zukünftige Ereignisse simuliert werden. Überdies sind Akteure nötig, also man selbst und andere Menschen, deren Gefühle, Intentionen und Interaktionen man kennen müsse. Ein Regisseur entscheidet nun, welche Informationen relevant sind. Anschließend bestimmt ein Produzent, in welchem Umfang ein Ereignis simuliert wird. Am Ende braucht es Medien, um ein entstandenes Werk oder eine Zukunftssimulation publik zu machen. Die mentale Zeitreise wird übersetzt in sinnlich Erfahrbares wie visuelle, akustische, haptische, olfaktorische, gustatorische Wahrnehmungen durch (Körper-)Sprache, Bilder, Symbole, Rauminstallationen usw. (ebd., S. 44).

Ob dieser Annahmen und Erkenntnisse stellt sich nun dringlicher die Frage, ob es möglich ist, durch ein systematisch-methodisches Training einen Menschen so zu beeinflussen und zu verändern, dass er agiler wird als vor dem Training oder gar eine dauerhafte Haltung von Agilität erwirbt, die er vorher nicht besaß, die sein zukünftiges Leben umfassend beeinflusst.

Einige entscheidende Erkenntnisse stützen die Annahme, dass agiles Handeln trainierbar ist und sogar langfristig mittels dauerhaften Trainings eine agile Haltung erlernbar und zur Gewohnheit werden kann. Dies schließt ein, alte Gewohnheiten, die beispielsweise agiles Handeln verhindern („Das haben wir schon immer so gemacht!"), zu verlernen.

Eine Erkenntnis ist z. B. in dem Vorgang der adulten Neurogenese formuliert und basiert auf dem Wissen um die Plastizität des Gehirns und seiner Netzwerkfunktion, auf die bereits D. O. Hebb im Jahr 1949 hingewiesen hat und u. a. in Forschungen des Max-Planck-Instituts weiter untersucht wird.

Eine weitere Erkenntnis stützt die Annahme, dass eine agile Haltung durch intensives Training erlernbar ist, und beruht auf der Tatsache, dass durch entsprechende Belohnungsreize und Dopaminausschüttungen neues Verhalten generiert werden kann. Das Gehirn verfüge, so Korte, über zelluläre Mechanismen, die mittels des Belohnungszentrums ermöglichen, eigene Vorurteile, tradierte Verhaltensweisen und Haltungen nicht nur zu befragen, sondern auch das Neu- bzw. Umlernen zu befördern. Wird das neu Gelernte in Situationen emotionaler Sicherheit in Simulationen erleb- und erfahrbar gemacht, kann dies einen Anstoß geben für eine dauerhafte Ankerung des neu Gelernten (Korte, S. 144).

Im Theater spricht man nicht von ungefähr von der „Probe", um Neues einzustudieren. Das ist der Verweis darauf, dass der Nachweis entsprechender „place cells" bzw. „time cells" und „grid cells" im Gehirn einen bedeutsamen Einfluss auf unser Verhalten haben und dass körperliche Bewegung und geistiges Lernen eng miteinander verbunden sind (Thier 2016).

Die Quantität, mit der gleiche oder ähnliche – nicht immer wieder neue und verschiedene – Inputsignale wirken, hat hierbei einen Einfluss darauf, wie nachhaltig gelernt wird (Siebert 2017, S. 69). Lernen erfolgt so anschlussfähig und stärkt die vorhandene Vernetzung. Auch in einem agilen Lernprozess geht es darum, möglichst viele Hirnareale zu aktivieren, um gleichsam viele Ablagen oder Strukturen zu bilden. Ausgehend von den individuellen Voraussetzungen und Vorerfahrungen knüpft ein aktivierender Lernprozess somit an vorhandenes Wissen an und lässt Neues entstehen.

Nicht nur in der betrieblichen Weiterbildung stellen die Individualität des Lernenden und die Bedeutung von Selbststeuerung im Lernen und Denken für Lernprozesse ein gelingendes Kriterium dar. Die Selbststeuerung, als aktiver Prozess, benötigt geeignete Methoden zur Unterstützung. In der Wahl der Methoden gilt es darüber hinaus, die Bedürfnisse und Interessen der Lernenden zu berücksichtigen (Arnold et al. 2002). Bedürfnis- und Interessensorientierung haben entscheidenden Einfluss auf die intrinsische Motivation und somit den Lernerfolg (Deci und Ryan 1993, S. 225). Empirische Befunde belegen zudem den Zusammenhang zwischen individuellem und situativem Interesse und einer höheren Lernleistung (Krapp 1992, S. 747–770). Dabei sind die Gestaltfähigkeit, die Erkenn- und Abgrenzbarkeit sowie die Anschlussfähigkeit an früher Gelerntes von ebenso großer Bedeutung.

Der emotionale Zustand des Lernenden wirkt lernförderlich oder lernhemmend (Roth 2017, S. 276). Das limbische System, als zentrales Bewertungssystem unseres Gehirns, steuert das emotionale Verhalten und damit die Motivation (Becker-Carus 2018). Wahrgenommene Außenreize werden mit gespeicherten Kognitionen und Emotionen abgestimmt. Von Bedeutung sind somit sozial-kooperative und emotionale Aspekte aus Beruf und Alltag, die in Handlung umgesetzt und reflektiert werden können. Diese bewusste Umsetzung von Handlungen und Handlungsoptionen unterstützt den Prozess der Wahrnehmung, der Aneignung und des Verstehens.

Zur individuellen Entwicklung von Kompetenzen und Problemlösefähigkeiten ist ein handlungsorientiertes Lernen förderlich, das Perspektivwechsel in einem lebensweltorientierten Setting ermöglicht (Wildt 2003, S. 17). Die lebensweltliche Relevanz der Inhalte und deren Subjektbezug hat wiederum Einfluss auf den Transfer der gemachten Erfahrungen (Weintz 2003, S. 177). Die praktische Erfahrung sollte sich so auf komplexe Problemstellungen unter möglichst authentischen Bedingungen beziehen, welche in der Bearbeitung dieser Herausforderungen Perspektivwechsel erlauben und Kommunikation und Reflexion anregen. Durch die Reflexion wird Vorwissen bewusst gemacht und so in Verbindung mit den neuen Inhalten wiederum anders organisiert und strukturiert (Henninger und Mandl 2000, S. 204). Die Reflexion ist in diesem aktiven Prozess die Voraussetzung für Verstehen. (Piaget 1974; zitiert nach von Glasersfeld 2018, S. 179). Die Reflexion ist dem agilen Handeln immanent.

Potenzial eines Menschen	Unterstützung beim Aufwachsen durch Erziehung, Freundschaften und andere vertrauensvolle Beziehungen fördert die Entfaltung maximal vieler Anlagen, aber nicht das gesamte Potenzial kann sich entwickeln. Bestimmte Anlagen behindern sich bei ihrer Entwicklung gegenseitig und schließen eine gleichzeitige maximale Entwicklung aus. Es kommt dann zu natürlicher Spezialisierung.	Alle entfalteten Anlagen werden als Kompetenzen nutzbar und als Selbstwirksamkeit wahrgenommen und erlebt.

Neue Gewohnheiten verfestigen sich dann, wenn sie dauerhaft belohnt werden bzw. wenn sich zeigt, dass die neue Gewohnheit der Agilität einen visionierten Erfolg und soziale Anerkennung in der Gemeinschaft hervorbringt. Diese soziale Anerkennung in der Gruppe ist insofern hervorzuheben, da das Ablegen alter Gewohnheiten und das Erlernen neuer eine Phase der Unsicherheit darstellt und mit Angst verbunden ist.

Ein intensives Ambiguitätstoleranztraining kann diese Brücke von einer alten zu einer neuen Haltung stabilisieren. „Implicit learning, unconscious learning and social, emotional, and cognitive aspects are all part of learning processes in general and part of learning by games" (Ruijters 2006; Simons 2008; zitiert nach Hofstede et al. 2010, S. 827). Die Bedeutung sozialen Lernens, auch mit Spiel, wird in verschiedenen Praxisforschungen festgestellt.

Unsicherheit muss ihren Angst machenden Charakter verlieren und als zu bewältigende Herausforderung erlebt werden. Es braucht einen Sicherheit gebenden Rahmen der „Offenheit und des Vertrauens", der Verhaltenssicherheit bietet (Holm-Hadulla 2010, S. 46).

Denn bei allen genannten Eckpunkten darf eines nicht vergessen werden: Den größten Einfluss auf den Lernerfolg hat das Vorbild einer vertrauenswürdigen, empathischen, kompetenten, strukturierten, zielorientierten ausgereiften Persönlichkeit. Es ist absolut notwendig, dass der Lehrende ein Vertrauensverhältnis zu den Lernenden aufbaut, wie lange dies auch immer dauern mag, das von Sympathie,

Kompetenz, Verlässlichkeit und Autorität gekennzeichnet ist. Das Gehirn des Lernenden fragt ergo automatisch: ‚Kann ich dem trauen, was der da sagt? Ist er kompetent, verlässlich? Weiß er, was er will?' „Diese Fragen werden vom Gehirn erst einmal unbewusst und vorbewusst-intuitiv anhand der emotional-kommunikativen Merkmale überprüft." (Ebd., S. 225)

Dies kann zu einer Aktivierung des Belohnungssystems durch Dopaminausschüttung im Gehirn und zu einem Gefühl von Aufgehobensein in der Gruppe führen. Und das wiederum fördert Motivation und Einlassen in einem geschützten Setting, in dem Wissen und Handlung verknüpft erfahren werden können.

Einer Handlung liegt per Definition ein „motiviertes, gezieltes, geplantes, gewolltes, kontrolliertes und bewertetes Verhalten" zugrunde (Bangerter und Cranach 2000, S. 228). Diese formuliert so ein Ziel. So gibt es keine Handlung, die, im Sinne einer Motivation, nicht gerechtfertigt werden kann.

Mit Blick auf die Bühne, nun nicht metaphorisch, sondern als definierter Handlungsraum zu verstehen, kann als Beispiel die theatrale Handlung dienen, die sich in einem inneren und äußeren Handeln zeigt. Der Theaterreformer K. S. Stanislawski stellt diesbezüglich fest, dass es keine physische Handlung geben kann, die sich „ohne innere Rechtfertigung durch das Gefühl zeigt" (Stanislawski 1986, S. 369). Dieser Bezug gilt auch für die physische Haltung als „äußere Seite des Gestaltungsvorganges", die wiederum auf die innere Befindlichkeit wirkt (ebd, S. 5).

Das Zusammenspiel und die Wirkung innerer Haltung und äußerer Körpersprache schaffen ein Bewusstsein für kommunikative Prozesse, die wiederum Einfluss auf Handlungen nehmen. Die Unsicherheit, nicht wirklich zu wissen, was der andere erwartet, erfordert die Beobachtung in der Kommunikation (von Schlippe und Schweitzer 2016, S. 117).

Die Komplexität zwischenmenschlicher Kommunikation zeigt sich hier in ihren wechselseitigen Bezügen und Interpretationen.

Verstehen ist eine Sonderform der Kommunikation. Nach Ervin Goffman

Über Kommunikation wird ein Zugang zu den psychischen Prozessen des Menschen ermöglicht (Simon 2017, S. 71). Schulz von Thun nennt hier das innere Team als Ausdruck innerer Anteile (Schulz von Thun 2007, S. 14). Dieser Zugang erfolgt nicht isoliert in einer Wahrnehmung von Sinneseindrücken, sondern wird begleitet von Erklärung und Bewertung, quasi in einem einzigen Prozess (Simon 2017, S. 72). Dieser Prozess des Beschreibens, Erklärens und Bewertens erfolgt nicht linear, sondern in einer gegenseitigen Wechselbeziehung (ebd. S. 76). Die innere Reaktion auf eine Nachricht zeigt sich als Produkt dieser Wechselwirkung (Schulz von Thun 2007, S. 69). In der Kommunikation definiert sich so auch Beziehung.

Hierbei sollte zwischen digitaler und analoger Kommunikation unterschieden werden. Digitale Kommunikation vermittelt Nachrichten als verbale Ausdrucksmittel und/oder in Schrift. Die weitere Bedeutung der Nachricht kann über die analoge Kommunikation, über nonverbale Ausdrucksmittel, erschlossen werden (Watzlawick et al. 2000, S. 67). Analoge Kommunikation lässt somit eher die Deutung einer vermittelten Nachricht zu. Digitale Kommunikation scheint komplexer.

Diese Erkenntnis wiederum hat Einfluss auf die Art und Weise, wie heute kommuniziert wird. Mit dem bekannten „Vier-Ohren-Modell" oder auch den „vier Seiten einer Nachricht" hat Schulz von Thun versucht, Komplexität in der Kommunikation zu vereinfachen und deren Deutung zu verbessern. Sachseite der Nachricht, Beziehungsseite, Selbstoffenbarungs- und Appellseite werden in der Kommunikation individuell verschieden gewichtet (Schulz von Thun 2007, S. 47).

Eine weitere Bedeutung für die Kommunikation und deren Verlauf zeigt sich in der Gleichheit oder Ungleichheit der Gesprächspartner. Unterschiede können z. B. durch den sozialen Status gegeben sein oder entstehen durch Abhängigkeitsverhältnisse (Watzlawick et al. 2000, S. 69). Ein Gespräch auf Augenhöhe ist sowohl verbal als auch nonverbal erkennbar.

Die Körpersprache zeigt sich als individueller Ausdruck. Dieser wiederum hat Einfluss auf unser Verhalten (ebd. 2000, S. 23). Liegt ein Widerspruch zwischen dem gesprochenen Wort und dem nonverbalen Ausdruck vor, spricht man von Inkongruenz (vgl. Prinzip 8).

Verhalten, Kommunikation und innere Prozesse sind kontextabhängig zu deuten. Zumeist unbewusstes Verhalten und nonverbale Ausdrucksweisen werden durch handlungsorientierte Methoden in bewusstes Handeln überführt. Bewusstes Handeln fördert so die Erweiterung persönlicher und sozialer Kompetenzen (Weintz 2003, S. 276).

Das Rubikon-Modell beschreibt hierbei Handlungsphasen, die von einem Wunsch ausgehend mit der Bewertung eines Ziels enden. Realisierung und Durchführung der Handlung werden hinsichtlich ihrer Planbarkeit und Ausführung betrachtet. Das Handlungsmodell integriert eine Formulierung des Ziels und dessen tatsächliche Umsetzung (Heckhausen und Heckhausen 2018, S. 357). Hierbei wird deutlich, was es an Motivation und Volition braucht, um ein Ziel umzusetzen.

Der Wunsch, agil zu handeln, wird so durch ein konkretes Tun abgelöst, das Umsetzungskompetenz oder auch Volition erfordert.

Folgende Kompetenzen werden für diese Schritte notwendig (Pelz 2017):

1. Aufmerksamkeitssteuerung und Fokussierung
2. Emotions- und Stimmungsmanagement
3. Selbstvertrauen und Durchsetzungsstärke
4. Vorausschauende Planung und Problemlösung
5. Zielbezogene Selbstdisziplin

Volition benötigt so persönliche Voraussetzungen, wie sie sich auch in den „Big Five" wiederfinden. Diese 5 Hauptfaktoren können als ein Gradmesser agilen Handelns fungieren: Offenheit, Gewissenhaftigkeit, Extraversion, Verträglichkeit und emotionale Stabilität.

Eine handlungsorientierte Methode, wie das Theaterspiel, berücksichtigt per se den Subjekt- und Sozialbezug und arbeitet so mit den Ebenen der Einzelnen, der interagierenden Gruppe und dem soziokulturellen Umfeld. Darüber hinaus ist dieser Kunstform die Handlung als solche immanent, denn „auf der Bühne muss man handeln – innerlich wie äußerlich" (Stanislawski 1988, S. 45 f.).

Wie können diese Hauptfaktoren nun mittels Theatermethoden sichtbar gemacht werden?

1. Offenheit
Agile Methoden erfordern immer auch ein persönliches Sicheinlassen. Sie ermutigen Menschen, offen und kreativ mit neuen Anforderungen umzugehen. Probehandeln in Trainingssituationen hat im Gegensatz zum Alltagshandeln keine unmittelbaren Konsequenzen. Somit wird auch neues und ungewohntes Handeln ermöglicht. An einem auf diese Weise geschützten Ort, einem Raum der Erfahrung und des Lernens, werden Handlungsoptionen erprobt. Inwieweit die eigene Handlungsfähigkeit durch andere Menschen beeinflusst wird, kann in Selbstreflexion bewusst gemacht werden. Ambiguitätstoleranz kann „gefahrlos" geübt werden.

2. Gewissenhaftigkeit
Akteure handeln gewissenhaft, wenn sie Verantwortung in zunächst durch die Trainingssituationen geschütztem Raum übernehmen. Diese Erfahrung wird in der Beobachtung und Reflexion bewusst gemacht. Erfahrung wird als lustbetont empfunden.

3. Extraversion
Die Akteure handeln miteinander, der aktive Austausch wird gefördert. Man kann sich nicht „verstecken". Interaktionen und Beiträge Einzelner zeigen diesen Persönlichkeitsfaktor. Jeder wird wahrgenommen.

4. Verträglichkeit
Ensemblearbeit und Gruppengemeinschaft ist diesen agilen Trainingssettings immanent. Wertschätzender Umgang untereinander fördert die Verträglichkeit und das Ensemblegefühl.

5. Emotionale Stabilität
In der Zielgerichtetheit von Entscheidungen kann im geschützten Raum, in dem nicht bewertet wird, auch emotionale Labilität (Neurotizismus) sichtbar werden.

Der Umgang mit anderen und deren Einfluss zeigt wichtige Anteile der Persönlichkeit auf.

Agiles Handeln wird so im Innen, durch die persönlichen Voraussetzungen, wie im Außen, durch die Umwelt, gleichermaßen als Metakompetenz aktiviert.

Praxiserfahrungen, Gespräche und Evaluationen machen weitere Voraussetzungen sichtbar, die zum Erwerb einer agilen Handlungsfähigkeit notwendig sind und durch kreative Methoden trainiert werden können.

Voraussetzung Bewusstsein
Um agile Handlungen bewusst zu machen, bedarf es der Reflexion. Dies erfordert auch immer eine Außensicht und verlangt Aufmerksamkeit auf das, was man mitteilen und bewirken möchte. Der Mensch geht zunächst von sich aus und reflektiert sich inmitten seiner Handlungsfähigkeit. Handlungen sollten immer begründbar sein. Unbewusstes Handeln wird dabei von bewusstem Handeln unterschieden. Eine unbewusste, oder auch vertraute, Handlung umzusetzen und auf ihr Gefühl hin zu reflektieren, ist Teil eines agilen Trainings zur „Verkörperung".

Agiles Training unterstützt Beteiligte darin, Handlungen bewusst zu machen. Sich bewusst zu werden, was man durch Handlung erreichen möchte, ist die Voraussetzung für Handeln. Bewusstsein, als das Endprodukt von Wahrnehmungen, Erinnerungen und Denken, führt zu Entscheidungen, die wiederum zur Umsetzung gelangen.

Voraussetzung Kreativität
Die Relevanz von Kreativität für und in Unternehmen wird immer bedeutsamer. Die „Fähigkeit zum divergenten Denken", dem Tagträumen, der Kontemplation und dem Assoziieren, zeigt sich u. a. in Originalität und Flexibilität. Hierbei ist für die Kreativität, über ein Mindestmaß an Begabung hinaus, Motivation, Persönlichkeit und Umfeld von Bedeutung.

So besteht für erfolgreiche Organisationen das Erfordernis an „Kreativität", „Spielfähigkeit" und „Phantasie" auf allen Ebenen.

Agiles Training öffnet Kreativitätsräume. Dabei geht es um eine kreative Aneignung von Erfahrungswissen, das auch kollektive Kreativität befördert.

Voraussetzung Wahrnehmung
Über die Wahrnehmung versucht der Mensch, die objektiv-reale Umwelt und die eigene Person (Innenwelt) in sich aufzunehmen. Das Resultat bewusster Wahrnehmung bedarf der Reflexion, die das Erklären und Bewerten neuer Wahrnehmungen ermöglicht. Das Bewusst werden des eigenen und anderen Verhaltens bewirkt wiederum Verhaltensänderungen.

Agilitätstraining fördert die Wahrnehmung auf der Metaebene und so die Flexibilität in der eigenen Aufmerksamkeit. Diese Fähigkeit wiederum hat Einfluss auf situatives Handeln. Von Bedeutung ist hierbei, die Fremdwahrnehmung in die eigene Wahrnehmung zu integrieren und so sich selbst für das eigene Handeln zu vergewissern.

Eine achtsame Wahrnehmung zeigt dem Betrachter einer Situation oder Umwelt auch indirekt sogenannte Leerstellen an. Dies sind Bereiche, die noch nicht in ein stimmiges Ganzes integriert sind, da ihnen vielleicht bestimmte Bezüge, sei es kausal oder lediglich assoziativ, fehlen. Leerstellen, das noch Unbestimmte und Undefinierte, ängstigt zuweilen Menschen, da sie erkennen, dass dort etwas noch nicht in einen Bedeutungskontext eingefügt ist. Resiliente Menschen sehen in diesen Leerstellen in ihrem Umfeld eher Chancen und Potenzial, kreativ zu werden. Sie nehmen Leerstellen als Herausforderung zur Ausgestaltung wahr. Bezüge zur Kunst, zur Literatur werden offensichtlich. In Erzählungen beispielsweise besteht die Kunst, den Leser zu animieren darin, nicht alles konkret und im Detail auszuerzählen. Der Reiz der Leerstelle ist vielmehr, anzudeuten und einen Rahmen zu kreieren, den der Leser bzw. auch der Theatergänger bei der Aufführung „selbst ausfüllen kann. Sie ziehen ihn in ein Werk hinein und fordern ihn zum Ausgestalten auf" (List 2019, S. 8 und 9). Nach Iser besteht die Funktion der Leerstelle darin, einem Rezipienten ein Beteiligungsangebot bereitzustellen, einen Spielraum zu eröffnen, in welchem er den Sinn mitkonstituieren kann (Iser 1971). Der Rezipient einer Situation produziert diese Innovationen.

Voraussetzung Authentizität
Agilität ist immer innere oder äußere Bewegung. Stanislawski spricht in diesem Zusammenhang von einer begründeten Handlung, die „nicht äußerlich, nicht physisch, sondern innerlich-psychisch" spürbar wird (Stanislawski 1988, S. 46). In einer stimmigen, einer kongruenten Beziehung von innerer und äußerer Haltung zeigt sich authentisches Handeln.

Authentizität stellt darüber hinaus eine wesentliche Voraussetzung für Vertrauen dar.

Verbale und nonverbale Anteile, als gleichzeitige Existenz in der Kommunikation, können sich ergänzen, unterstützen und auch widersprechen. Liegt ein Widerspruch vor, ist die Nachricht inkongruent. Kongruentes Handeln drückt sich in der Rolle körpersprachlich aus und wirkt somit nach außen als authentische Darstellung.

Authentisches Verhalten zeigt sich in einer gelingenden Kommunikation, die über situatives Handeln in Als-ob-Situationen eingeübt wird. Wie agil sich der Mensch in der Kommunikation zeigen kann, ist auch abhängig vom Selbstvertrauen, vom Vertrauen in die eigenen Handlungsoptionen. Diese Verhaltensweisen lassen Rückschlüsse auf seine Authentizität zu, die entweder positiv oder negativ in der Kommunikation wirkt. Ein inkongruentes Verhalten erzeugt Irritation und Unnahbarkeit.

Je mehr Handlungsoptionen in Als-ob-Situationen erfahren werden, desto eher gelingt Selbstvergewisserung und kongruentes Handeln. Es lässt sich trainieren wie ein Muskel und führt im besten Fall zu einer neuen Gewohnheit, die intuitiv abläuft und nicht mehr jedes Mal bewusst abgerufen werden muss.

Zudem bildet die Bereitschaft, das eigene Verhalten an veränderte Umstände anzupassen, eine notwendige Voraussetzung, um neue, und so auch kreative, Erfahrungen zu machen.

Die wichtigen Einflussgrößen im Überblick:

- Bewusstsein, Wahrnehmung, Kreativität und Authentizität bedingen agiles Handeln.
- Mit dem Wissen um mögliche Handlungsoptionen erfahren die Menschen zugleich einen Ausbau des Selbstvertrauens.
- Über Selbstorganisation und eigenverantwortliche aktive Gestaltungsfreiräume wird Selbstwirksamkeit erfahren.
- Die Verantwortung des Einzelnen liegt im eigenen Gestaltungs- und Reflexionswillen.

- Perspektivwechsel unterstützen die Zusammenarbeit und das Verstehen einer anderen Sichtweise in Prozessen.
- Probehandeln fokussiert einen Ausschnitt der Wirklichkeit und reduziert so Komplexität.
- Bedeutsame Themen, spielerisch erprobt und reflektiert, fördern die Handlungskompetenz und stärken das Selbst-Bewusstsein. Individuelle und kollektive Reflexion sind hierbei gleichermaßen wichtig.

Über die Freude am Tun wird eine kognitive Leichtigkeit erreicht, die sich über ein müheloses, offenes, gutes und vertrautes Gefühl zeigen kann.

Ausgehend von den formulierten Voraussetzungen kann sich die agile Handlungsfähigkeit von Menschen dann entwickeln, wenn die Organisation einen Rahmen setzt, der agiles Handeln richtungsweisend initiiert und legitimiert. Dieser Rahmen beinhaltet eine gemeinsame Vision, die eine ebensolche gemeinsame Identität ermöglicht, eine agile Identität über Hierarchieebenen hinweg. So wird auch eine andere Art von Führung notwendig, die den Möglichkeitsraum schafft, in welchem man sich agil bewegen darf und agil bewegen will; eine Herausforderung für Führungskräfte mit einem erweiterten Verständnis für das Corporate Identity ihres Unternehmens. Ihre Verantwortung erstreckt sich in die folgenden Aufgabenfelder:

- Einen verantwortungsvollen Umgang mit Macht, um Verantwortung zu übertragen
- Selbstorganisation und Autonomie der Menschen durch Partizipation ermöglichen
- Raum zur individuellen Entwicklung bereitstellen
- Ein Klima fördern, das den wohlwollenden Umgang mit Fehlern lebt und so Mut befördert

Als ein Beispiel kann das Konzept des „Servant Leadership" dienen.

Ein Führungsverständnis, das sich im Dienst der anderen sieht, handelt in der Absicht, die Menschen entsprechend ihrer persönlichen und fachlichen Kompetenzen möglichst umfassend weiterzuentwickeln.

Agilität drückt sich auch darin aus, dass man die unterschiedlichen Bedürfnisse anerkennt und gewinnbringend integriert. Es geht darum, in Struktur mit einer Vision vor Augen und mit den Beiträgen aller agil zu sein und so das Neue mit dem zu Bewahrenden gleichermaßen zu leben. Und in diesem nichthierarchischen Umfeld werden Partizipation und Selbstorganisation quasi en passant gefördert.

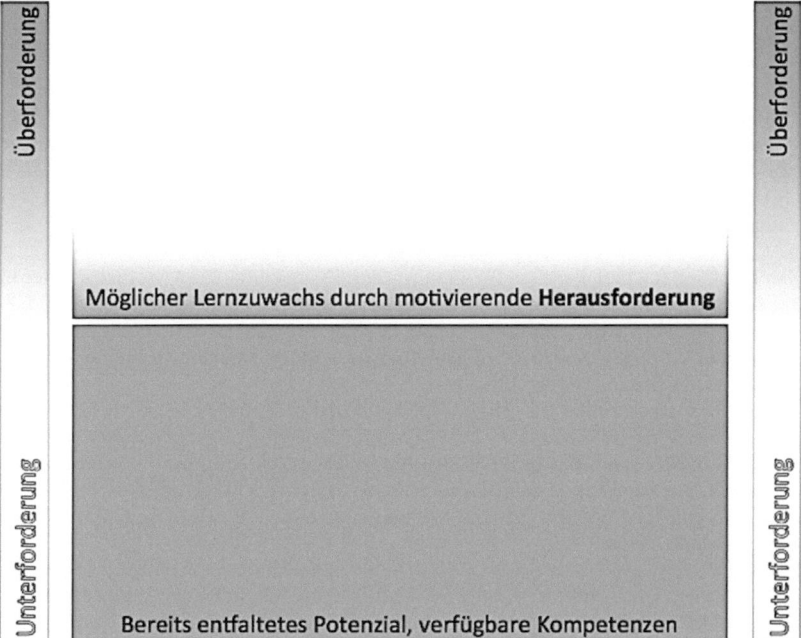

Diese Akzeptanz der Unterschiede als Grundhaltung zu begreifen, erfordert ein Umdenken und unterstützt gleichermaßen das Loslassen und ein Sicheinlassen. So wie für das Theater ein kooperatives Leitungsverständnis gilt und partizipierende Prozesse die Interessen und Bedürfnisse der Spieler angemessen gewichten.

Theater spielte schon von Anbeginn mit den Möglichkeiten von Handlungsoptionen als Labor für agiles Handeln. Dieses Handeln auf der Probe ist aber noch nicht Ausdruck einer Haltung, sondern angelegt im Rollenkonzept. Eine „sich vollziehende Handlung" wird im Altgriechischen mit Drama übersetzt (Stanislawski 1988, S. 45). Auf der Bühne oder im Theaterraum thematisiert das Drama gesellschaftliche Realität, ermöglicht Handlung wahrzunehmen, im kathartischen Sinne zu erfahren oder auch zu reflektieren. Man erlebt das Paradoxon doppelter Wirklichkeit. Man tut nur so, als ob, dennoch geschieht es wirklich.

Literatur

Arnold, R. & Tutor, C. G. & Kammerer, J. (2002). Selbst gesteuertes Lernen als Perspektive der beruflichen Bildung. Zugriff am 17.10.2020. Verfügbar unter https://www.bwp-zeitschrift.de/de/bwp.php/de/bwp/show/716

Backhausen, W. & Thommen, J-P. (2017). Coaching. Durch systemisches Denken zur innovativen Personalentwicklung (4., neu bearbeitete Aufl.). Wiesbaden: Springer.

Bangerter, A. & v. Cranach, M. (2000) Vom Wissen zum Handeln – ein Ansatz zur Förderung kommunikativen Verhaltens. In Mandl, H., Gerstenmaier, J. (Hrsg.), Die Kluft zwischen Wissen und Handeln. Empirische und theoretische Lösungsansätze (S. 227) Göttingen, Bern, Toronto & Seattle: Hogrefe-Verlag.

Beck, K. et al. (2001). Manifest für agile Softwareentwicklung. Zugriff am 03.05.2020. Verfügbar unter https://agilemanifesto.org/iso/de/manifesto.html

Becker-Carus, C. (2018). Limbisches System. In M. A. Wirtz (Hrsg.), Dorsch – Lexikon der Psychologie. Zugriff am 17.10.2020. Verfügbar unter https://dorsch.hogrefe.com/stichwort/limbisches-system#search=aae3a162310bf1ff5a8c9e6eb1888d5c&offset=0

Deci, E.L. & Ryan, R.M. (1993). Die Selbstbestimmungstheorie der Motivation und ihre Bedeutung für die Pädagogik. Zeitschrift für Pädagogik, 39 (2), S. 223–238.

Dweck, C. S. (2011). Mindsets and Human Nature: Promoting Change in the Middle East, the Schoolyard, the Racial Divide, and Willpower. Zugriff am 04.04.2020. Verfügbar unter https://pdfs.semanticscholar.org/8f11/c3f5ff9f13e9511e0520faf6bf8dd3312335.pdf?_ga=2.255946059.1747751128.1561360671-238929708.1561360671

von Glasersfeld, E. (2018). Radikaler Konstruktivismus. Ideen, Ergebnisse, Probleme (9., unveränderte Aufl.). Frankfurt: Suhrkamp.

Heckhausen, J. & Heckhausen, H. (Hrsg.). (2018). Motivation und Handeln (5. neu bearbeitete Aufl.). Berlin: Springer.

Henninger, M. & Mandl, H. (2000). Vom Wissen zum Handeln – ein Ansatz zur Förderung kommunikativen Verhaltens. In Mandl, H. Gerstenmaier, J. (Hrsg.), Die Kluft zwischen Wissen und Handeln. Empirische und theoretische Lösungsansätze (S. 215) Göttingen, Bern, Toronto & Seattle: Hogrefe-Verlag.

Hofstede, G.J. & de Caluwé, L. & Peters, V. (2010). Why Simulation Games Work – In Search of the Active Substance: A Synthesis. Zugriff am 17.10.2020. Verfügbar unter: https://www.researchgate.net/profile/Gert_Jan_Hofstede/publication/48185592_Why_Simulation_Games_Work-In_Search_of_the_Active_Substance_A_Synthesis/links/550e806b0cf27526109dcf24.pdf

Holm-Hadulla, R. M. (2010). Kreativität. Konzept und Lebensstil. Göttingen: Vandenhoeck & Ruprecht. https://www.mpg.de/10579066/gehirn-plastizitaet

Iser, Wolfgang (1971). Die Appellstruktur der Texte. Der Lesevorgang. Die Wirklichkeit der Fiktion. Elemente eines funktionsgeschichtlichen Textmodells.

Korte, Martin 2019 (erste Auflage: 2017). Wir sind Gedächtnis. Wie unsere Erinnerungen bestimmen, wer wir sind. München: Deutsche Verlagsanstalt.

Krapp, A. (1992). Interesse, Lernen und Leistung. Zeitschrift für Pädagogik, 38 (5), S. 747–770.

List, Volker (2019). Die Kunst Theater zu lehren – Didaktik für Theater und Darstellendes Spiel. 2. überarbeitete Auflage (1. Aufl. 2018), Angewandte Theaterforschung: 35625 Hüttenberg.

Luhmann, N. (2017). Einführung in die Systemtheorie (7., unveränderte Aufl.). Heidelberg: Carl-Auer.

Pelz, W. (2017). Umsetzungskompetenz als Schlüsselkompetenz für Unternehmerpersönlichkeiten: Eine theoretische und empirische Analyse. Zugriff am 26.05.20. Verfügbar unter: https://www.management-innovation.com/download/Umsetzungskompetenz-Volition-Willenskraft.pdf

Preußig, J. (2018). Agiles Projektmanagement. Scrum, User stories, Task Boards & Co (2., neu bearbeitete Aufl.). Freiburg: Haufe-Lexware.

Rappe-Giesecke, K. (2008). Triadische Karriereberatung. Begleitung von Professionals, Führungskräften und Selbstständigen. Bergisch-Gladbach: Andreas Kohlhage.

Roth, G. (2017). Was bedeuten Motivation und Emotion für den Lernerfolg? Kognitions- und neurowissenschaftliche Erkenntnisse. In H. Reiter (Hrsg.), Handbuch Hirnforschung und Weiterbildung (S. 264–281). Weinheim, Basel: Beltz.

Roth, Gerhard (2015). Bildung braucht Persönlichkeit. Wie Lernen gelingt. Stuttgart: Klett-Cotta.

von Schlippe, A. & Schweitzer, J. (2016). Lehrbuch der systemischen Therapie und Beratung I. Das Grundlagenwissen (3., unveränderte Aufl.). Göttingen & Bristol: Vandenhoeck & Ruprecht.

Schreyögg, A. (2011). Die Wissensstruktur von Coaching. In B. Birgmeier (Hrsg.), Coachingwissen. (S. 49-62). Wiesbaden: VS Verlag für Sozialwissenschaften.

Schulz von Thun, F. (2007). Miteinander reden. Das Innere Team und situationsgerechte Kommunikation (16. Aufl.). Reinbek: Rowohlt.

Siebert, H. (2017). Lernen und Bildung Erwachsener (S. 69). Bielefeld: W. Bertelsmann Verlag.

Simon, F.B. (2017). Einführung in Systemtheorie und Konstruktivismus (8. Aufl.). Heidelberg: Carl-Auer.

Simon, F.B. (2018). Einführung in die systemische Organisationstheorie (6. Aufl.). Heidelberg: Carl-Auer.

Stanislawski, K. S. (1986). Die Arbeit des Schauspielers an sich selbst II. Berlin: das europäische Buch.

Stanislawski, K. S. (1988). Die Arbeit des Schauspielers an sich selbst I. Berlin: das europäische Buch.

Thier, Peter (2016). Warum sich Bewegung und Geist nur zusammen denken lassen. In: Madeja, Michael/ Müller-Jung, Joachim (Hrsg) (2016). Hirnforschung – was kann sie wirklich? Erfolge, Möglichkeiten und Grenzen. München: Beck, S. 47–56

Watzlawick, P., Beavin, J.H. & Jackson, D.D. (2000). Menschliche Kommunikation. Formen, Störungen, Paradoxien (10., unveränderte Aufl.). Bern: Hans Huber.

Weintz, J. (2003). Theaterpädagogik und Schauspielkunst. Ästhetische und psychosoziale Erfahrungen durch Rollenarbeit (3. Aufl.). Butzbach: Afra.

Wildt, J. (2003). The shift from teaching to Learning – Thesen zum Wandel der Lernkultur in modularisierten Studienstrukturen. Zugriff am 03.01.2018. Verfügbar unter https://www.u-asta.uni-freiburg.de/politik/bologna/texte/thesen-zum-wandel.pdf

Teil II Agiles Handeln Schritt für Schritt in Gang setzen und aktivieren

Inhaltsverzeichnis

Prinzip 1 – Loslaufen, Schritt für Schritt	33
Prinzip 2 – Jeden Tag ein bisschen besser werden	43
Prinzip 3 – Mit dem Einfachen beginnen	51
Prinzip 4 – Sich mit der Umwelt verändern	60
Prinzip 5 – Auf die positiven Entwicklungen schauen	69
Prinzip 6 – Zurückschauen und beurteilen	76
Prinzip 7 – Als Team selbstorganisiert arbeiten	84
Prinzip 8 – Unterstützung holen	94
Abschluss – Erfolge feiern	106
Agilität in der Praxis – Expertengespräche	112
Literatur	124

Agil zu handeln erfordert gleichermaßen agil zu denken. Agil zu handeln erfordert Mut, als unschätzbares Fragment einer agilen Haltung (Beck 2003, S. 34). Im Probieren neuer Wege ist es notwendig, auch Fehler machen zu dürfen. Eine Fehlerkultur ist somit wesentlicher Teil eines Lernprozesses, der Veränderung als solches ermöglicht und über eine entsprechende Kommunikation gefördert wird. Und Fehler werden erst dann zum Scheitern, wenn sich kein Lernerfolg einstellt (Scheller 2017, S. 100).

In das Handeln bringt die Frage: Was kann im Worst Case passieren?

Menschliches Verhalten zeigt sich im Umgang mit Mustererkennung und Risikoabwägung. Können Menschen rasch Situationen oder Umwelten einschätzen, indem sie diese mit bereits Bekanntem abgleichen, dann führen sie eine Risikoabwägung durch. Bekanntes Muster = meist ungefährlich; unbekannte Situation = Gefahr oder Risiko und erhöhte Acht- und Aufmerksamkeit.

Im nächsten Schritt führen Menschen eine Risikoabwägung auf der Grundlage von bereits vorab gebildeten Kategorien und Wertmaßstäben durch. Nun greift im

Laufe eines Menschenlebens ein sehr wenig bzw. nicht veränderbares Persönlichkeitsmerkmal oder Temperament in den weiteren Prozess ein. Ist eine Person grundlegend ängstlich, wird sie eher eine Risikoabwägung auf der Grundlage ihrer Mustererkennungen durchführen, die sie zur Vorsicht und Zurückhaltung gemahnt. Sie wird Neuem ablehnend gegenüberstehen. Auch rationale Argumente haben dann wenig Chancen. Führt eine eher resiliente Person eine Risikoabwägung mit dem Fazit durch, Neues aufmerksam zu prüfen und eher die Chancen für einen Zugewinn an Kompetenz usw. darin zu sehen, wird sie sich auf die Unwägbarkeiten auch eher einlassen. Die Erkenntnis aus dieser Tatsache besteht darin, dass man ängstliche Menschen schwieriger oder gar nicht dazu bewegen kann, sich auf neues Handeln einzulassen. Ängstliche Menschen übernehmen eher ungern Verantwortung. Das heißt, dass diese Menschen demzufolge auch agiles Handeln vermeiden werden, was in der Konsequenz bedeutet, keine agile Haltung ausprägen zu können. Zur weiteren Entwicklung braucht es hier individuelle kleine und annähernde Schritte.

Resilientere Menschen können sich eine Erkenntnis zunutze machen, die die Psychologie in Untersuchungen hinreichend bestätigt und in entsprechenden Studien ausführlich belegt hat (Neyer und Asendorpf 2018, S, 289 ff.). Sie sind eher dazu bereit, sich neuen Herausforderungen und neuen Situationen zu stellen. Sie wissen, dass erhöhte Aufmerksamkeit der Schlüssel für die Öffnung neuer Erfahrungen ist und den Zugang zu neuen, bisher unbekannten, Optionen aufschließt. Sie wissen, dass diese Aufmerksamkeitserregung nicht durch Alltägliches bewirkt wird, sondern nur durch Überraschendes und Unbekanntes. Je bizarrer desto besser, insbesondere, wenn das Bizarre vor dem Hintergrund des oder im Vergleich zum Normalen steht und Menschen interaktiv darin verwickelt werden (Shaw 2018, S. 276). Dann wirkt es besonders aufmerksamkeitssteigernd und wird entsprechend prominent im Gedächtnis abgespeichert, sodass der Mensch in Zukunft auf das neu Gelernte immer schnell Zugriff hat. Nach langfristigem Training kann sich agiles Handeln in einer agilen Haltung verfestigen, und diese Verhaltensdisposition steht fortan permanent zur Verfügung. Das Improvisieren, als dem menschlichen Handeln immanent, wird nun sozusagen zur zweiten Natur als sichere Kompetenz in allen Lebenslagen, ob einfach, ob kompliziert, ob komplex oder chaotisch.

Cynefin-Framework ist ein Modell für Wissensmanagement und wurde von dem Waliser David J. Snowden entwickelt. Cynefin ist walisisch [kä:niwin] und meint eine „gefühlte Zugehörigkeit", „Platz" oder „Lebensraum", in welchem Erfahrungswerte aus allen gesellschaftlichen Bereichen eine Bedeutung besitzen. Laut Snowden dient das Modell dem Perspektivwechsel und fördert so eine passende Entscheidungsfindung in einer diagnostizierten Situation.

Cynefin-Framework charakterisiert 5 Domänen und zeigt die Beziehungen zwischen Ursache und Wirkung. Das Modell nutzt der Orientierung in komplexen und unübersichtlichen Umwelten, Stichwort VUCA, und beschreibt darüber hinaus sinnhafte Handlungsmöglichkeiten.

1. **Domäne „Clear"**
   In Zuständen, die „simple" bzw. „obvious" sind, ist der Zusammenhang zwischen Ursache und Wirkung deutlich sichtbar und für jeden nachvollziehbar. Insofern eignen sich bewährte Praktiken („best practice"). Aus Erfahrung weiß man, was funktioniert hat, und kann Strategien aus diesen bekannten Fällen leicht über-

tragen: erkennen – kategorisieren – reagieren (erkennen – bewerten – reagieren). Hierbei sollten auch der Wert und die Grenzen von „best practice" erkannt werden.
2. **Domäne „Complicated"**
Nur mit Expertenwissen lassen sich diese Zustände bewältigen, da Ursache und Wirkung diagnostizierbar, aber nicht einfach zu erkennen sind. Es braucht eine sorgfältige fachwissensbasierte Analyse. Als Vorgehensweise ist zu empfehlen: erkennen – analysieren – reagieren.
3. **Domäne „Complex"**
Bei komplexen Zuständen können Ursache und Wirkung erst im Nachhinein erkannt werden. Hier helfen nur emergente Praktiken („emergent practice") mittels Versuch und Irrtum („trial and error"): ausprobieren – erkennen – reagieren („sense – respond"). In dieser unvorhersehbaren Domäne ist ein schrittweises experimentelles Vorgehen, eine agile Vorgehensweise, das Mittel der Wahl.
4. **Domäne „Chaotic"**
Es gibt keine klare Beziehung zwischen Ursachen und Wirkungen. Diese sind aber aufgrund ihrer nicht kalkulierbaren Interdependenzen auch nicht analytisch belegbar. Ähnlich der Handlungsempfehlung bei komplexen Zuständen ist es nur möglich, über Praktiken nach möglichen Wirkungen zu suchen. Jetzt geht es darum, schnell zu reagieren. Diese Praktiken sollten innovativen Charakter haben, da auf Erfahrungswissen nicht zurückgegriffen werden kann. Auch hier bietet sich ein Trial and Error als Methode an („prototyping"). Letztendlich geht es darum, den chaotischen Zustand in einen komplexen zu überführen.

Die **5. Domäne „Störung"** gilt, wenn unklar ist, welcher Zustand vorherrscht (Snowden und Boone 2007).

Eine agile Haltung wirkt in allen Szenarien sinnhaft und unterstützend.

In einer Pandemie beispielsweise lassen sich mehrere Zustände gleichzeitig ausmachen. Der Grad der Komplexität der Bewältigungsstrategien erhöht sich damit stark und kann zur Überforderung führen. Jede Prozessbewegung in unbekanntem Terrain erfordert immer wieder und ständig neue Bewertungen der Situation. Entsprechend müssen stets andere Handlungsoptionen in den Fokus der Betrachtung geholt werden. Es bedeutet ein Leben in ständiger Unsicherheit, die nun für jeden Menschen sichtbar wird. Zur Bewältigung solcher Szenarien bedarf es eines besonders hohen Grades an Ambiguitätstoleranz und Resilienz. Der Bedarf ist nun auch auf der Mikroebene da, Handlungsänderungen vorzunehmen.

Meinungs-, Verhaltens- und Haltungsänderungen benötigen, außer einer intrinsischen Motivation, immer wiederkehrende Handlungen und langfristiges Training, damit sich das Gelernte als neue Gewohnheiten etablieren und als neue Kompetenz in die Persönlichkeit implementieren kann. Es ist lernen, sich zu verändern. Der Weg ist frei für den ersten Schritt.

Doch wie erreicht man, dass Lernende ihre ganze Achtsamkeit auf neue Inhalte richten und damit aufnahmefähig werden?

Der erste Impuls, will man Menschen dazu bewegen, ihre Aufmerksamkeit zu steigern, besteht darin, sie im Alltäglichen mit nicht Alltäglichem zu konfrontieren. Gesteigerte Aufmerksamkeit ist eine unverzichtbare Voraussetzung für mehr Achtsamkeit und für agiles Handeln, das immer damit beginnt, sich einer neuen, auch potenziellen

Situation (siehe das Proben in Als-ob-Situationen beim Theaterspielen) bzw. Herausforderung zu stellen (Shaw 2018, S. 57). Shaw belegt anhand durchgeführter wissenschaftlicher Studien, welche Einflüsse und Faktoren daran mitwirken, dass Menschen sich gegenüber Neuem, also Ungewöhnlichem, öffnen und aufnahmefähiger werden, sich das Neue zu merken und in ihr Verhaltensrepertoire zu integrieren.

Als eine Analogie zu dieser ersten Voraussetzung zum agilen Handeln dient Obelix, der Gallier.

Obelix hat nach der Idee seines Zeichners und Erfinders Albert Uderzo eine einfache Technik, lernunwillige Römer zum Lernen zu motivieren. Das Lernziel: Ein gallisches Dorf ist nicht anzugreifen. Seine Methode: Er schüttelt sie heftig. So heftig, dass sie noch eine ganze Weile die Vibrationen dieser Erschütterung spüren, irritiert sind und sich nur noch fragen: „Was geht ab!"

Einige solcher über Jahre von den Autoren erprobten Übungen – nicht ganz so rüde, aber nicht minder wirkungsvoll – werden im Folgenden beschrieben. Seminareröffnungen, die die Teilnehmer gleichermaßen provoziert fragen lassen: „Was soll das jetzt?", „Wofür ist das denn gut?", „Warum haben wir das gemacht?" Die Karikatur zeigt überspitzt eine bizarre Situation in einem normalen Setting. Am Ende dieses Kapitels werden aufmerksamkeitssteigernde Praktiken beschrieben, additiv eine Performance zu Beginn von Trainingseinheiten oder Workshops.

Was kann im Worst Case passieren? Mit dieser Frage ist bereits der erste Schritt im Kopf vollzogen. Das zögernde Abwägen wird im besten Fall von einem mutigen Voranschreiten abgelöst. Hierzu braucht es Vertrauen und Offenheit in die eigenen Fähigkeiten und die der Menschen, mit denen man sich auf den Weg macht. Das ist die Basis, von der man ausgeht, mit der man in Bewegung kommt. Körperlich und geistig. Ein gemeinsames Tun erfordert darüber hinaus interaktives Handeln. Diese Voraussetzungen werden initiiert und begleitet durch eine ebensolche handlungsorientierte Methode.

Als erster Schritt dient die „Erwärmung", um die Menschen zu Offenheit und Vertrauen zu motivieren.

Das Konzept der Erwärmung oder auch die Warming-up-Phase stammt ursprünglich aus dem Psychodrama, das zu Beginn des 20. Jahrhunderts durch Jacob Levy Moreno (1889–1974), Psychiater und Arzt, entwickelt wurde (Ameln und Kramer 2016, S. 243). Dieses Verfahren dient darüber hinaus als Ausgangspunkt vieler weiterer Arbeitsformen, die den Menschen mit seinen eigenen Themen in eine handelnde Erfahrung und Reflexion bringen. Die persönliche Beteiligung des Einzelnen ist laut Carl Rogers eine grundlegende Voraussetzung für Lernen (Rogers 1969; zitiert nach Knowles 2007, S. 13).

Im Abschn. „Agilität in der Praxis – Expertengespräche" wird der Psychotherapeut Bruno Hoeller hierzu eigene Erfahrungen mit diesem Verfahren mit Blick auf agiles Handeln darstellen.

Eine gelingende Warming-up-Phase dient einer individuellen Ansprache der Menschen und der Gruppe. Diese muss Sicherheit geben, für das, was noch kommt. Eine Erfahrung muss vertrauensfördernd und ermutigend gestaltet werden, um Lernen zu initiieren und für weitere, ähnliche Erfahrungen zu motivieren. Die Bedeutung dieser Funktion wurde bereits durch A. Maslow im Jahr 1972 formuliert (ebd. Knowles, S. 43).

Der Regisseur und Theaterpädagoge Augusto Boal spricht hier von einer Einführung mittels Übungen und thematischen Diskussionen, die Gruppenbildung befördert und darüber hinaus eine Motivation für das Thema und die Arbeitsform schafft (Boal 2016, S. 41 ff.). Hierbei wird Lernen als einzelner Prozess in einem sozialen Konstrukt erfahren.

Je näher wir dem Thema sind, dieses als sinnhaft erachten, desto eher wird auch ein Sinn für eine neue und erforderliche Aktivität empfunden. Ein starkes WARUM, so Nietzsche, erträgt fast jedes WIE. Die Identifikation mit dem Thema und dessen Umfeld stellt sich so en passant ein.

> Lernen, ein Akt des Aufnehmens und zugleich Abstoßens. Ein Akt der Kritik. Ebenso gut machen und besser machen. Mich ändern und zugleich ein Ich bleiben.
> Bertolt Brecht

Der Workshop

In diesem Kapitel werden die agilen Prinzipien vorgestellt und der Erwerb bzw. der Ausbau der notwendigen agilen Kompetenzen an einem durchgehenden Fallbeispiel – einem durchgeführten Training mit Mitarbeitern und Führungskräften in einem multinationalen Konzern – dargestellt. Die Planung eines Agilitätsworkshops zielt auf die Vermittlung agiler Kompetenzen und formuliert zugleich den Anspruch an ein praktisches Erfahren der grundlegenden agilen Prinzipien. Dargestellt wird die prozesshafte Vorgehensweise über ein agiles Arbeitsmittel, das Kanban-Board.

Ergänzend werden weitere Übungen, agile Praktiken, beschrieben, die unabhängig voneinander zum Einsatz kommen können und gezielt die Kompetenzen fördern, die für ein agiles Handeln notwendig sind. Der Abschn. „Abschluss – Erfolge feiern" fragt nach dem Umgang mit Erfolg. Experteninterviews ergänzen diese Frage um weitere Aspekte von Agilität.

Von Bedeutung im Fallbeispiel ist, soziale Interaktionen zu initiieren, da Aufgaben im beruflichen Kontext zumeist in Teams bewältigt werden. Das Team ist das Herzstück des agilen Prozesses und verbindet interdisziplinäres Wissen mit selbstorganisiertem Handeln.

Wir stehen in der Planung noch vor dem ersten Schritt und benötigen nun die Fähigkeit zur Selbstorganisation jedes Einzelnen (Erpenbeck et al. 2017, S. 16). Hierzu brauchen die Akteure einen entsprechenden Handlungsspielraum im Kreieren einer Ordnung, welcher individuelle Bedürfnisse berücksichtigt (Scheller, S. 168). Eine Orientierung an dem pädagogischen Konzept von Ruth Cohn integriert die 3 Faktoren „Ich, die Persönlichkeit", „Wir, die Gruppe" sowie „Es, das Thema" (Cohn 2016, S. 113 f.). In diesem Fall geht es darum, den Fokus auf das Thema „Agilität" zu legen. Ein Fokus, der immer im Auge behält, dass ein Ausgleich zwischen den benannten Faktoren gegeben sein muss.

Das Proben im geschützten Bühnenraum, so Seemüller, fördert Handlungssicherheit, indem das eigene Verhalten bewusst gemacht wird. Der Einzelne erkennt dann seine verschiedenen Optionen und kann auf seine, nun spürbar gewordenen, Ressourcen zurückgreifen. Es wird ein Handlungsspielraum geschaffen, der es ermöglicht, das neu Erfahrene in den Berufsalltag zu transferieren. Die Angst vor dem Unbekannten, wie z. B. in Changeprozessen, kann nun einer zunehmenden Sicherheit im Umgang mit dem Unbekannten im Arbeitsalltag Schritt für Schritt weichen (vgl. Seemüller, Agilität in der Praxis – Expertengespräche).

Von der Praxis zur Theorie und wiederum zur Praxis ergibt sich ein Vorgehen, das auch zielorientiert zu planen ist (Gerstenmaier und Mandl 2011, S. 18).

Die Anwendung des SMART-Prinzips, als ein Akronym der englischen Begriffe „specific", „measurable", „achievable", „relevant" und „timely", unterstützt die zielgruppenorientierte Konzeption (Friebe 2010, S. 50). Handlungsorientierte Methoden schaffen in diesem Prozess die Grundlage für aktives und gemeinschaftliches Lernen. Der Erwerb einer agilen Handlungskompetenz erfordert Übungen, die in fiktiven Situationen agil zu bewältigen sind. Im aktiven Tun können so komplexe Probleme durch einen Perspektivwechsel betrachtet, artikuliert und reflektiert werden.

Hoeller sieht im Einsatz theatraler Methoden, Menschen ins Erleben zu führen. In der Übernahme von Rollen, im Rollentausch, ergebe sich die Chance, selbst gestalterischen Einfluss auf das Selbstbild zu nehmen. Der Akteur mache sich in einer Als-ob-Situation zum Regisseur seines Verhaltens (vgl. Hoeller, Agilität in der Praxis - Expertengespräche).

Diese Selbstermächtigung in der Selbststeuerung führt zu einer Selbstwirksamkeit, die wiederum die Resilienz stärken kann und somit das Individuum robuster macht im Umgang mit den zunehmenden Unsicherheiten und Unwägbarkeiten in Beruf und Alltag. Nicht aus dem Blick geraten sollte, dass es ein Grundbedürfnis des Menschen nach Sicherheit gibt. Hoeller empfiehlt zum Einstieg in das Training eine intensive Vorbereitungsarbeit durch Warm-ups und spricht im Interview über die bestehenden Zusammenhänge zwischen einem derartigen Training mit agilen bzw. handlungsorientierten Methoden und den 7 Säulen der Resilienz.

Der PDCA-Zyklus, als „Standardzyklus für Iterationen" im agilen Vorgehen, formuliert die Schritte: Planen, Tun, Überprüfen und Handeln (Scheller 2017., S. 253). In Verbindung mit den theaterpädagogischen Prinzipien nach Rellstab (2000) ergibt sich folgender Zyklus im Vorgehen:

PDCA-Zyklus	Handlungen	Theaterpädagogische Prinzipien
PLAN	Entwickeln	Learning by Doing
DO	Präsentieren	Transfer
CHECK	Feedback geben	Beraten, Leiten, Feedback
ACT	Umsetzen	Anfang

Zyklus einer Iteration mit Theatermethoden (didaktische Überlegungen)
1. Im ersten Schritt erfahren sich die Beteiligten in interaktiven Handlungen, an deren Ende eine Szene steht.
2. Darauf folgt die Präsentation des Entwickelten. Die Zuschauer, oder auch Rezipienten, nehmen Beobachtungen vor, die in ein Feedback einfließen.
3. Die individuelle und kollektive Erfahrung wird in Bezug auf agile Handlungsweisen reflektiert.
4. Diese Erkenntnisse werden in die nächste Handlung übernommen und mit neuen Handlungsanforderungen ergänzt und so kontinuierlich verbessert.

Zu Beginn des Trainings wird kommuniziert, dass handlungsorientierte Methoden Gegenstand des Prozesses sind. Regeln und Vorgehensweisen zur Agilität werden im Rahmen der Reflexionsschleifen als verbale Informationen ergänzt.

- Der Erwerb einer agilen Handlungskompetenz fordert die Teilnehmenden zur Auseinandersetzung mit agilen Handlungsgrundsätzen, agilen Vorgehensweisen und handlungsorientierte Methoden auf (Sachebene).
- In der szenischen Entwicklung wird stetig das Produkt verbessert. Darüber hinaus wird die Bedeutung einer lebendigen Präsentation erfahren (Gestaltungsebene).
- Es erfolgt eine Betrachtung, Analyse und Bewertung der Produkte und Prozesse im Hinblick auf die Zusammenarbeit im Team (kommunikative Ebene).
- Der Transfer und Nutzen wird in Bezug auf die eigene Lebens- und Arbeitswelt reflektiert (soziokulturelle Ebene).

Die Bedeutung der Erwärmung wurde bereits eingangs formuliert. Das „Aufwärmen", aus dem Sport bekannt und akzeptiert, dient als Hinführung zur körperlichen und auch geistigen Bewegung. Je nach Zielsetzung und Planung wird dieses eher körperlich, mental bzw. interaktiv umgesetzt. Ein körperliches Warm-up fördert die Aktivierung von Herz, Kreislauf und Muskeln. Das mentale Warm-up unterstützt Entspannung und Konzentration. Ebenso notwendig, gerade für die ersten Begegnungen einer Gruppe oder auch für spätere Phasen im Arbeitsprozess, sind interaktive Warm-ups, die Kooperationsbereitschaft und Gruppendynamik befördern.

Der Anleitende gestaltet das Aufwärmen möglichst nicht als reine gymnastische Übungen oder sog. Denksportaufgaben, die isoliert bzw. reihend nebeneinanderstehen und hintereinander durchgeführt werden. Er berücksichtigt in den Übungen die jeweiligen kulturellen, kontextuellen und situativen Bedingungen und integriert diese in die Anleitungen zu körperlichen und mentalen Anregungen und Impulsen. Der Anleitende erzählt z. B. im Sinne des Storytellings eine animierende Geschichte, auf die sich die Akteure einlassen und „mitspielen". Dies können Szenarien von Gruppen sein, die eine schwierige Aufgabe zu bewältigen haben, z. B. gemeinsam ein Abenteuer zu bestehen oder eine Aktion durchzuführen, die ohne Teamarbeit nicht zu bewältigen ist. Der Einsatz von speziell ausgewählter Musik ist ein sehr nützliches Instrument, die Akteure in die vorbereitete „fremde" Umwelt zu locken, deren Narrativ deutliche Analogien zu den agilen Prinzipien aufweisen. Dies steigert den Wiedererkennungswert und verstärkt die Ankerung bei den späteren beruflichen Herausforderungen, agil zu handeln und eine agile Haltung zu erwerben bzw. zu festigen.

Die Einführung einer agilen Kultur, so Hausmann, erfordert einen Plan, einen kontrollierten Prozess. Der Wunsch nach einem Changeprozess mit benennbaren Schritten funktioniert nicht. Es reicht nicht, isoliert Methodenseminare und/oder Software zu integrieren. „Agilität ist eine Haltung und keine Methode, man muss es wollen und nicht nur ein bisschen. Sie verändert alles, den Einzelnen und die Struktur, die es braucht" (vgl. Hausmann, Agilität in der Praxis – Expertengespräche). Agile Kulturen erfordert keine Spezialisierung. Agile Teams sind eher generalistisch und erfordern kleine Strukturen, die sich in einem Suchprozess schrittweise bewegen.

Fallbeispiel
Zum Ankommen im Raum tragen Improvisationsübungen und konzentrierte Wahrnehmungsübungen bei, die für alle Beteiligten, auch ohne Vorerfahrung, umsetzbar sind. Das stärkt die Sicherheit. Für diesen Fall ist es notwendig, nicht über ein Nachdenken ins Handeln zu kommen, sondern über einen Impuls von außen zu agieren.

Das Bewegen in den sogenannten „Aufmerksamkeitskreisen" erfordert einen neuen Fokus und erzeugt gleichsam Irritation. Das ist u. a. damit zu erklären, dass die Beteiligten zu Beginn der Übung eine für sie ungewohnte „öffentliche Einsamkeit" herstellen müssen, die sich über eine Konzentration auf die eigene Person und somit ein Ausblenden des gesamten gegenwärtigen Umfelds vollzieht (Rellstab 1992, S. 84 f.).

Diese Übungen bereiten so für das spätere agile Handeln in Situationen vor und setzen zugleich den Fokus auf den Raum, in welchem sich der Prozess schrittweise gestaltet. Der Aufmerksamkeitskreis, als wahrzunehmender Ausschnitt, stellt darüber hinaus eine Voraussetzung für die Handlung als solches dar (Stanislawski 1988, S. 374).

Die Aufmerksamkeit soll neben der bewussten Achtsamkeit einen Anstoß für die Trainierenden liefern, eine kontemplative Kompetenz, eine kontemplative Haltung zu entwickeln, die den gesamten Sinnesapparat des Menschen öffnet, und zwar vor jeglichem bewertenden Eingriff des Bewusstseins. Freie Improvisation ermöglicht ein Sicheinlassen in den Prozess. So können eigene Beschränkungen und Widerstände spürbar gemacht und überwunden werden.

Methoden
1. **Die 3 Aufmerksamkeitskreise nach Stanislawski**
    - Aufmerksamkeitskreis „Tischlampe"; das Individuum steht im Zentrum der Aufmerksamkeit:
    - Jeder geht in seinem Tempo durch den Raum und reflektiert die eigene Befindlichkeit.
    - Aufmerksamkeitskreis „Stehlampe"; die Beziehungen und Interaktionen mit den Partnern stehen im Zentrum der Aufmerksamkeit:
    - Individuelle und variierte Begrüßung mit Namensnennung:
    - Begrüßung in Emotionen (ängstlich, wütend, gelangweilt, freudig)
    - Aufmerksamkeitskreis „Deckenlampe"; all das, was visuell zugänglich ist, steht im Zentrum der Aufmerksamkeit:
    - Objekte im Raum werden benannt (vom Fenster zum Boden)
    - Objekte im Raum werden umbenannt (das Fenster wird zum Boden, die Heizung zum Bild usw.)
    - Auf schnelles Tempo achten
2. **„Akzeptieren" als Öffnung zur Improvisation**
    Alle gehen durch den Raum. Der Anleitende ruft: „Wollt ihr alle mal gehen wie …?" (Beispiele: Pinguine, Könige, Affen). Die anderen rufen begeistert: „Au ja!" Nach 3 Vorgaben durch den Anleitenden übernimmt die Gruppe und gibt Vorschläge ein, die umgesetzt werden.
3. **Akzeptieren über ein Assoziationsspiel im Kreis umsetzen und den Dualismus von Richtig und Falsch reflektieren**
    Die Akteure stehen im Kreis. Der Anleitende wirft mit einer Handbewegung einem beliebigen Akteur einen Begriff zu. Dieser wiederholt ihn laut und assoziiert ein Wort dazu. Das Wort wird weitergeworfen, bis alle im Kreis assoziiert haben. Hierbei auf Tempo und körperliche Lockerheit achten. Durch das Tempo das Vorausplanen verhindern.
4. **Akzeptieren als Grundhaltung anwenden – Akzeptierreihe**
    Es werden 2 Reihen gebildet, immer 2 Akteure stehen sich gegenüber und sprechen
    - einen beliebigen Satz, der verbal und nonverbal von einem Gegenüber akzeptiert wird,

- einen beliebigen Satz, der akzeptiert und ergänzt wird durch eine neue Information.
5. „Ich kann besonders gut …" – Sich einlassen und mutig mit den eigenen Fähigkeiten präsentieren
Die Gruppe steht im Kreis. Ein Akteur geht in die Kreismitte und sagt zu allen: „Ich kann besonders gut …" Es folgt ein kurzer und knackiger Applaus, dann geht der Nächste usw. Hierbei wird in einer zweiten Runde auch auf die Umsetzung geachtet, die Präsenz ausstrahlt: Blickkontakt zu jedem, nicht auf den Boden schauen und erst sprechen, wenn man in der Kreismitte angekommen ist. Reflexion der Herausforderung in der Umsetzung, körperlich wie inhaltlich.

Beispielhaft zeigt das Kanban-Board die noch zu erledigenden Prozessschritte:

Noch zu erledigen	In Bearbeitung	Erledigt
Iteration		
Inkrement		
Einfachheit		
Veränderung		
Review		
Retrospektive		
Selbstorganisierte Teams		
Kooperation mit Experten		

Agile Praktiken – Prolog

Das im Folgenden beschriebene und über Jahre durchgeführte und optimierte Setting einer Seminareröffnung zeigt eine realistische Umsetzungsmöglichkeit für Trainer, in welcher Weise sie die Aufmerksamkeit und den Fokus ihrer Teilnehmer auf das Kommende nachhaltig steigern. Da diese Seminareröffnungsperformance als komplexe Metapher lesbar ist, sollte der Anleitende sie im Verlaufe seines Seminars immer wieder an den verschiedensten Stellen ansprechen, um so langfristig wirkende Anker zu setzen. Wiederholung ist eine weitere Technik nachhaltigen Lernens. Und es darf gelacht werden – über Situationen, über den Anleitenden, über sich selbst.

Der Anleitende beginnt einen angekündigten Vortrag: „Anstatt eines Vortrages! – Nehmt bitte ein Blatt Papier und schreibt euren Namen darauf, knüllt es zu einer schneeballgroßen Kugel zusammen. Stellt euch im großen Halbkreis um mich herum auf. Ihr lernt jetzt ganz schnell 2 Sätze auswendig. Ich spreche vor, ihr sprecht sofort nach. So lange bis ihr die beiden Sätze auswendig könnt.

1. Satz: „Du machst die Fehler! … Wiederholen!" Alle wiederholen den Satz im Chor. Die Anleitung ist nicht zufrieden. Die Gruppe spricht nicht im Chor, nicht gleichzeitig. Sie wiederholen den Satz. Schon besser! Die Leitung ist immer noch nicht zufrieden und fordert auf „wirklich" synchron zu sprechen, genau auf den Einsatz zu achten und auf das Sprechtempo der anderen.

2. Satz: „Wir trainieren!" ... Die Gruppe wiederholt den zweiten Satz und spricht deutlich synchroner. Die Anleitung ist dennoch nicht zufrieden. Sie möchte, dass die Gruppe mit mehr Energie und zielgerichteter spricht, also lauter und klar bezogen auf die Leitung als Adressaten. Fokus! Die Anleitung lässt die beiden Sätze hintereinander wiederholen. Der erste Satz klappt gut, beim zweiten ist die Gruppe wieder asynchron. Manche machen eine deutliche Pause, andere sprechen die beiden Sätze direkt hintereinander. Für die Anleitung Anlass für einen Miniexkurs zur Bedeutung der dramatischen Pause, diese sei ja am schwierigsten auswendig zu lernen, weil es keinen Text gibt. Man memoriert: Der Lattenzaun, der Lattenzaun, was wär der ohne Zwischenraum? ... Eine Bretterwand! ... Was wäre die Musik ohne Pausen? Alle Töne gleichzeitig! Kakofonie! Krach! ... Richtig atmen. Den Zeitpunkt kommen lassen, erspüren. Wie beim Schießen, den Druckpunkt kommen lassen. Zen. –
3. Phase. Körperlichkeit. Die Anleitung gibt die Anweisung: Ausfallschritt mit linkem Bein nach vorne. Schneeball in die Rechte. Linkshänder haben Pech gehabt. Mit dem rechten Arm weit nach hinten ausholen. Vorsicht! Nebenmann nicht die Nase zertrümmern! Einfrieren! – Die Leitung lobt. Gut sieht die Gruppe aus. Es sieht schon nach Teamperformance aus. Die Anleitung wendet sich ab, geht ein paar Schritte Richtung Ausgang, hält kurz inne und begutachtet fachmännisch die Aufstellung und sagt mit expressivem Körperausdruck: „Bleibt so! – Das sieht ja richtig gut aus! Ich gehe schnell'n Kaffee trinken und kurz auf die Toilette. Ihr trainiert jetzt eine absolut wichtige Kompetenz, die Fokussierung. Einfach stillhalten".

Die Reaktion der Beteiligten: Alle lachen.
Spaß beiseite, jetzt wird es aber ernst.
Alle 3 Sachen jetzt! Die Anleitung fordert mit folgenden Worten zur Aktion auf: „Auf das ‚Du' werft ihr alle gleichzeitig, und bitte auch gleichzeitig, mir euren Schneeball an den Kopf. Jeder schaut mir in die Augen! Wehe einer trifft nicht! Und auf das ‚Wir' legt ihr alle die rechte Hand auf euer Herz. – Wir trainieren das jetzt mal langsam. Noch ohne wirklich zu werfen."
Die Gruppe trainiert. Die Spannung steigt. Der Anleitende retardiert nun, Angst vorschützend ob des Kugelhagels, der gleich treffen wird.
Der beste Lernerfolg wird erzielt, wenn ein mentaler und ein Bewegungsimpuls gleichzeitig in emotional positiv aufgewärmter Atmosphäre auf ein Neuron treffen, welches diesen neuen Lernimpuls anschließend in das neuronale Netzwerk einspeist, wo er es weiter verarbeitet und langfristig abspeichert.

Prinzip 1 – Loslaufen, Schritt für Schritt

Die Iteration, als grundlegendes agiles Prinzip, sieht eine Entwicklung in mehreren Schritten vor. Die Iteration leitet sich aus dem lateinischen „iteratio" ab und bedeutet „Wiederholung" (Stowasser et al. 2006, S. 281). Dieses schrittweise Vorgehen erfolgt noch ohne Festlegung des konkreten Produkts. In einem ersten Schritt bestimmt der Kunde die Merkmale der Leistung, die nach erfolgter Iteration überprüft werden (Beck 2003, S. 177). Wichtig ist hierbei, dass dem Kunden nach jeder Iteration ein funktionierendes Teilprodukt präsentiert wird (Preußig 2018, S. 44). Die Präsentation eines sogenannten Inkrements ermöglicht dem Kunden ein Feedback, in dem er neue Anforderungen formulieren kann. Diese Rückmeldung fließt in die nächste Iteration ein.

Die Rückmeldung und die sich anschließende reflektierte Erfahrung unterstützen darin, das schrittweise Vorgehen und die damit einhergehenden Veränderungen zu akzeptieren.

Diese bleiben dann für die Akteure erinnerungsfähig und nachvollziehbar. Ein solchermaßen fragmentarischer Prozess schafft einen Möglichkeitsraum, der „zu einem nicht geringen Grade risikofreudig" ist, und Mut erfordert (Koch 2008, S. 29).

Beginne mit dem Notwendigen, dann tue das Mögliche
und plötzlich wirst Du das Unmögliche tun.
Franz von Assisi

Die Bedeutung einer agilen Haltung für ein iteratives Vorgehen
Ein schrittweises Vorgehen erfordert Personen,

- die sich mutig einem unvorhersehbaren Prozess stellen,
- die sich Feedback einholen und dieses realistisch umsetzen,
- die flexibel mit Anforderungsänderungen umgehen,
- die Pläne verwerfen und neue Pläne gemeinsam gestalten,
- die kundenorientiert denken und handeln.

Je höher das Risiko, desto mehr Mut müssen die Akteure aufbringen. Wie bemisst sich der Worst Case für diesen Fall?

Von der Statik zur Bewegung: Das Betreten des Raums als erste Grundbedingung (im Theater)
Das Risiko kann durch die Schaffung einer Quasirealität eingeschränkt werden. Die Teammitglieder erfahren und begreifen ihr prozesshaftes Vorgehen als eine Suche nach Möglichkeiten und damit als veränderbar. Die reflektierten Aktionen nehmen in Kauf, dass Fehler passieren.

Hier erscheint es notwendig, weniger von einem „falsch" oder „richtig" als von einer „produktiven Fehlerkultur" zu sprechen. Für ein Handeln in Unsicherheit bedeutet das, eine Situation und ein Klima zu schaffen, das den Akteuren ein Gefühl von Sicherheit ermöglicht.

Im Abschn. „Prinzip 4 – Sich mit der Umwelt verändern" wird eingehender die Bedeutsamkeit einer Fehlerkultur unter dem Prinzip „Sich mit der Umwelt verändern" betrachtet.

Wiederholtes Scheitern, wie bereits durch den Dramatiker und Literaturnobelpreisträger Beckett formuliert, bietet so dem Handeln auf der Bühne einen Proberaum, der „eine Welt mit eigenen Gesetzen darstellt" (Weintz 2003, S. 248). Was bleibt, ist, dass eine durch die Beteiligten real definierte Situation ebensolche reale Konsequenzen zur Folge hat.

Mittels Improvisation kann „eine Nachahmung menschlichen Handelns als Spiel" in zweierlei Hinsicht erfahren werden (Ebert 1999, S. 72). Als Selbstzweck „im Sinne von Unvorhersehbarkeit und Unwiederholbarkeit" oder auch als Ausgangspunkt für weitere szenische Entwicklungen (Weintz 2003, S. 321). Die Unvorhersehbarkeit benötigt ein flexibles Vorgehen und erfordert ein Sicheinlassen und Loslassen von bereits Bestehendem. Mögliche Widerstände der Beteiligten werden spür- und sichtbar. En passant können Handlungsalternativen im prozesshaften Vorgehen erprobt werden. Individuelle und kollektive Reflexion sind hierbei gleichermaßen wichtig.

Es ist Teil einer handlungsorientierten Entwicklung, dass sich diese vorausahnen, aber nicht im Vorfeld bestimmen lässt (Nickel 1995; zitiert nach Weintz 2003, S. 353). Theater als solches ist immer prozesshaft. Und selbst die Premiere markiert nur einen Schritt, der zugleich den Abschluss des Prozesses darstellt. Die Grenzen für agiles Handeln zeigen sich da, wo die Anforderungen bereits zu Beginn kommuniziert sind. Fixierte Ziele stehen hier im Widerspruch zu einem offenen Prozess, der den nötigen Gestaltungsraum eröffnet, welcher „unmittelbar auf der individuellen Erlebens- und Erfahrensebene arbeiten" lässt (Stollsteiner 2008, S. 24).

Der Seminarvorhang öffnet sich – die Akteure betreten den Bühnenraum
Im Folgenden wird in 9 Schritten ein erprobtes Seminar zum Training einer agilen Haltung beschrieben.

In der ersten Phase steht dabei das Thema des schrittweisen Vorgehens, der Iteration, im Fokus der Betrachtung.

Für den gesamten Prozess des Seminars ist die Entwicklung eines Produkts vorgesehen. Dieses Vorgehen wird in einem schrittweisen Entwicklungsprozess erfahren. Neue Impulse evozieren Handlungsveränderungen, die wiederum in die kontinuierliche Verbesserung eines Produkts münden.

Der Faktor Zeit sieht eine klare Festlegung (Timeboxing) vor, die je nach Zielsetzung schnellere und langsamere Einheiten vorschreibt (Heindl 2007, S. 220 ff.). Hierbei wird der kleinstmögliche Umfang pro Zeiteinheit vorgegeben, der zur Umsetzung der Iteration notwendig ist.

Die Sozialformen orientieren sich an grundlegenden Elementen aus der theaterpädagogischen Arbeit. Gemeinsames Agieren mit der ganzen Gruppe, in Kleingruppen und der „Kreis" lassen Gemeinschaft und Individualität gleichermaßen erfahren (Czerny 2004, S. 188 f.).

Die Beteiligten fungieren als Spieler und Beobachter – in der Übertragung als Entwickler und Kunde – gleichermaßen. So müssen stetig neue Ideen für die Anforderung des Projektziels berücksichtigt werden. Projektziel meint hier das Endprodukt, die Szene, nach der letzten Iteration.

Die Durchführung ist bewusst so angelegt, dass ein Vordenken und Planen nicht möglich ist. Für ein Handeln in Unsicherheit werden im Verlauf des Theatertrainings nur diejenigen Informationen kommuniziert, die zur Umsetzung der nächsten Iteration erforderlich sind. Die methodische Planung sieht vor, die formulierten Ziele je Iteration zu erreichen.

Thematisch dienen arbeitsweltorientierte Ansätze sowohl einer Motivation als auch einem Perspektivwechsel, der zur Entwicklung von Kompetenzen mit handlungsorientiertem Lernen angemessen ist (Wildt 2003, S. 17).

Mit Blick auf die Potenziale des Theaters und seine räumlichen Möglichkeiten wird hierbei eine Szene als Produkt dem Seminar zugrunde gelegt. Die schrittweise Entwicklung sieht die Präsentation eines funktionsfähigen Teilprodukts, als Szene, vor.

Die Methoden des Regisseurs, Theatertheoretikers und -autors Augusto Boal nutzen so die Improvisation, um über Beobachtungen zu neuen Erkenntnissen zu gelangen, die wiederum ein anderes Handeln möglich machen (Sprute 2008 S. 97). Die Methoden, die den Menschen in Handlung bringen, sind somit zukunftsgerichtet.

Das Bildertheater beschreibt hierbei einen Zugang, der einen „multiplen Spiegel im Blick der anderen ermöglicht" (Boal 1989, S. 267). Ein (Körper)bild stellt eine inhaltliche Herausforderung dar, das nach und nach dynamisiert wird. Über die Entstehung, Beobachtung und Reflexion werden vielfältige Deutungsmöglichkeiten erzeugt. Mittels dieser Darstellung, eines Einzelnen oder einer Gruppe, wird ein „Denken in Bildern" befördert (Boal 2016, S. 43). Die Entwicklung eines Standbildes, als Realbild, bildet den Ausgangspunkt dieser Technik. Im Anschluss wird nun gemeinsam mit allen Beteiligten ein Idealbild „visualisiert". Der Weg vom Realbild zum Idealbild kennzeichnet das Übergangsbild, das über eine Auseinandersetzung mit der Herausforderung entsteht. Das Übergangsbild betont so das Prozesshafte auf dem Weg hin zu einer Veränderung und markiert die Bedeutung des Handelns im Moment. Die Lösung wird gemeinsam mit allen entwickelt und mit Blick auf das soziale Handeln und auf die Relevanz der körpersprachlichen Aspekte hin reflektiert (Boal 1989, S. 71).

Es entspricht dem partizipativen Gedanken, im Vergleich zum didaktischen Theater, nicht autoritär davon auszugehen, „dass der Künstler/Trainer mehr weiß und kann, als der Zuschauer/Beteiligte wissen kann und darf" (ebd., S. 8).

Ein maximales Maß an Beteiligung und Probehandeln wird dadurch unterstützt, dass diese Techniken nicht zwischen Spielern und Zuschauern unterscheiden, da jeder in Handlung kommen darf.

Die Bilder reduzieren Komplexität, indem sie den Blick auf einen Ausschnitt der Wirklichkeit reduzieren. Bild für Bild und Schritt für Schritt kann so die inhaltliche wie auch qualitative Entwicklung des Produkts sichtbar werden.

Ein Prozess, der agiles Vorgehen erfahrbar macht, benötigt auch handlungsorientierte Methoden, die mit Blick auf die erforderlichen Kompetenzen agiles Handeln aktivieren.

Der Zyklus im iterativen Vorgehen
Der PDCA-Zyklus, als „Standardzyklus für Iterationen" im agilen Vorgehen, formuliert die Schritte: Planen, Tun, Überprüfen und Handeln (Scheller 2017, S. 253). In Verbindung mit den theaterpädagogischen Prinzipien nach Rellstab (2000) ergibt sich ein Zyklus im Vorgehen, wie er bereits im Rahmen des Workshops zu Beginn des Kapitels beschrieben wurde.

Im ersten Schritt erfahren sich die Beteiligten in interaktiven Handlungen zu inhaltlich bedeutsamen Themen. Die Anforderungen sind so ausbalanciert, dass sich jeder seinen Fähigkeiten entsprechend einbringen kann. Ein so gewünschtes Flowerlebnis steigert das Leistungsvermögen in Verbindung mit erhöhter Motivation (vgl. Heckhausen und Heckhausen 2018, S. 439).

Die Höhe der Motivation wird auch durch die Berücksichtigung von Interessen beeinflusst. Empirische Befunde zur Erklärung der Interessenseffekte belegen den Zusammenhang zwischen Interesse (individuell, persönlich, situativ) und höherer Lernleistung (Krapp 1992, S. 747–770). Darüber hinaus gilt: Lernorte und der Zeitpunkt sowie der allgemeine emotionale Zustand wirken fördernd oder behindernd im Lernen (Roth 2017, S. 264–281). Roth betont hierbei das Gedächtnis im Lernprozess. Der Mensch erinnert in der Erfahrung der Lernumgebung – hier in Unterscheidung zwischen einem Quellen-, einem Orts- und einem Zeitgedächtnis.

Unabhängig von Ort und Zeit stellt die Individualität des Lernenden und die Bedeutung von Selbststeuerung im Lernen und Denken ein Kriterium gelingender Lehr-Lern-Prozesse dar. Hierbei sind die individuellen Voraussetzungen und Vorerfahrungen zu betrachten, die an vorhandenes Wissen anknüpfen und Neues entstehen lassen. Die Selbststeuerung, als aktiver Prozess, benötigt geeignete Methoden zur Unterstützung. Die Wahl einer aktivierenden Methode kann prozesshaft die Bedürfnisse und Interessen der Lernenden berücksichtigen (Arnold et al. 2002).

Die Diversität der Lernenden wird in der Vorbereitung berücksichtigt. Darüber hinaus ist es sinnhaft, Persönlichkeitsmerkmale im Rahmen der Vergabe von Teamrollen zu betrachten. Dieser Aspekt wird im Abschn. „Prinzip 7 – Als Team selbstorganisiert arbeiten" näher beschrieben.

Das theaterpädagogische Prinzip des „Learning by Doing" ist ein Ausdruck dieses Erfahrungslernens (Rellstab 2000, S. 196 ff.).

Das Produkt, eine Präsentation zu einem für die Beteiligten bedeutsamen Thema, ist bereits zu Beginn bekannt. Als Ergebnis jeder Iteration steht die Darstellung eines Teilprodukts in Form einer Szene. Dieses wird mit dem Zuschauer besprochen und durch neue Impulse kontinuierlich verbessert. So wird in der inkrementellen Veränderung die Herausforderung „durch eine Reihe kleinerer, jedoch wirkungsvoller Änderungen gelöst" (Beck 2003, S. 38).

Darauf folgt der Transfer des Entwickelten in die szenische Form. Im Rahmen der Präsentation werden Beobachtungen vorgenommen, die in ein Feedback einfließen. Die individuelle und kollektive Erfahrung wird in Bezug auf agile Handlungsweisen reflektiert.

Die Perspektivwechsel unterstützen die Zusammenarbeit und das Verstehen einer anderen Sichtweise im Prozess.

Diese Erkenntnisse werden in die nächste Handlung übernommen, die neue Anforderungen vorsieht (ebd., S. 196 ff.). Methodisch wird die Handlungs- und Erfahrungsorientierung im Lehr-Lern-Prozess durch reflektierte Lehr-Lern-Gespräche begleitet.

Ja, mach nur einen Plan.
Sei nur ein großes Licht!
Und mach dann noch ´nen zweiten Plan.
Gehn tun sie beide nicht.
Brecht, Das Lied von der Unzulänglichkeit menschlichen Strebens

Methode

1. **Akzeptieren als Prinzip anwenden**
   Im Kreis beginnt ein Akteur mit einem Requisit eine Geschichte zu erzählen (nicht mehr als 3 Sätze, die mit einem Punkt enden). Der rechts sitzende Akteur erzählt die Geschichte weiter und baut ein Requisit in die Geschichte ein, das der Anleitende ihm gibt. Der nächste erzählt die Geschichte ebenfalls weiter und baut wieder ein neues Requisit ein.
2. **Teams bilden und eine bedeutsame Situation aus dem Berufsleben szenisch darstellen**
   Das Teambuilding wird durch eine kreative Methode umgesetzt, die eine Bildung von Neigungsgruppen verhindert. Möglich sind hier Zuordnungen über Haarfarbe, Gegenstände, Körpergröße u. a.
   In den jeweiligen Teams wird in einem gemeinsamen Abstimmungsprozess entschieden, welche Situation aus dem Arbeitskontext gezeigt wird. Einzige Vorgabe hierbei ist der Arbeitstitel: „Herausforderungen in der Kommunikation". Die Bedeutsamkeit des Themas wurde im Vorfeld durch einen internen Fragebogen eruiert. Dieses Thema kann allerdings im Grundsatz als Herausforderung

für Teams aller Art angenommen werden. Ein Thema, das durch alle getragen wird, unterstützt die Förderung des Lerntransfers (Kauffeld 2016, S. 148).
In der weiteren Szenenentwicklung stellen sich die Beteiligten die Fragen: Wer ist beteiligt? Wer spielt was? Wo/an welchem Ort/Raum spielt die Szene?

3. **Durch Ideen seitens der Zuschauer die Präsentation verändern**
Jede Gruppe präsentiert die entwickelte Szene und endet im Standbild. Nun wird die Szene ein zweites Mal gespielt. Hierbei unterbricht der Anleitende den Spielfluss mit der Fragestellung: Was kommt jetzt? Das Publikum hat nun die Möglichkeit, neue Ideen einzubringen. Hierbei können sowohl veränderte Emotionen als auch neue Handlungen als Ideen eingegeben werden. Um fokussiert zu beobachten, wird die Gruppe der Zuschauer geteilt:
   - Ein innerer Kreis generiert neue Ideen und bringt diese ein.
   - Ein äußerer Kreis beobachtet die Akteure.
   - Im Anschluss werden die Aufgaben der Zuschauer gewechselt.

4. **Beobachtungsaufträge umsetzen**
Mit dem ersten Schritt werden erstmalig Beobachtungsaufträge umgesetzt.
Diese Beobachtungen sind auf den Aspekt der agilen Handlungen selbst gerichtet. Die Beobachtung von Handlung ist dem Zuschauer immanent, um das „fremde Erleben" zu spüren (Stanislawski 1988, S. 223).
Beobachtungsaufträge generieren darüber hinaus Feedback, das wiederum in die nächste Iteration einfließt.
Beobachtungsbogen zu Prinzip I. Iteration – Name des Beobachters:

Indikatoren	Beobachtung
Wie konnte der Akteur die Impulse von außen zum Fortgang des Spiels umsetzen?	
Hat der Akteur die Impulse registriert?	
Hat der Akteur die Impulse akzeptiert/sich eingelassen?	
Was hat der Akteur aus den Impulsen gemacht?	

Im Wechsel kommen Beobachter, Akteure und Ideengeber zu Wort und berichten von ihren Erfahrungen mit der gestellten Aufgabe. Eine Möglichkeit, gemachte Erfahrungen oder Assoziationen zum eigenen Handeln zu notieren, vertieft die eigene Reflexion und befördert den Transfer in den Berufsalltag.

Noch zu erledigen	In Bearbeitung	Erledigt
		Iteration
Inkrement		
Einfachheit		
Veränderung		
Review		
Retrospektive		
Selbstorganisierte Teams		
Kooperation mit Experten		

Agile Praktiken

Weitere Trainingsmöglichkeiten, agile Praktiken, ermuntern den Anwender, Kompetenzen bei den Seminarteilnehmern mittels dieser Übungen weiter zu entwickeln und zu festigen, die für diesen Schritt förderlich sind.

In dieser ersten Seminarphase stehen „Planungsgeschick" und „Spezifisch sein" im Fokus des Trainings.

Planungsgeschick, oder auch Planungsexpertise, heißt, flexibel, kreativ und mit Know-how bedarfsgerecht zu planen und mit Unvorhergesehenem umzugehen. Diese Handlungskompetenz erfordert ein aufmerksames Wahrnehmen von Impulsen und einen sensiblen Umgang mit Annahmen.

Die Kompetenz, **spezifisch** und genau zu **sein**, wird besonders dort relevant, wo Präzision erforderlich ist und diese zielgerichtet kommuniziert werden muss.

Beide Kompetenzen erfordern ein strukturiertes Vorgehen und das Setzen von Prioritäten. Wichtig ist hierbei, die Sprache auf das Notwendigste zu reduzieren. Die Akteure sprechen nur dann, wenn es unumgänglich ist. Zur Auswertung schließt sich eine Reflexion an.

> **Einstiegs- bzw. Aufwärmübung zur Förderung der Interaktivität**
>
> **Zip – Zap – Boing**
> Alle stehen im Kreis.

Jemand klatscht kurz zu seinem linken oder rechten Nachbarn und sagt gleichzeitig „Zip!". Dieser gibt das „Zip!" in gleicher Weise an seinen Nachbarn weiter. Will jemand das „Zip" nicht annehmen, dann hält er beide offene Handflächen in Abwehrhaltung dagegen und ruft „Boing!". Das Zip geht zurück an den Abschickenden, und er muss es in die andere Richtung schicken. Statt „Zip!" wird „Zap!" gerufen, wenn es an einen beliebigen anderen im Kreis – nicht an einen unmittelbaren Nachbarn – geschickt wird.

Die Übung sollte zunächst sehr langsam gespielt werden, bis alle die Regeln verstanden haben; dann auf Tempo. Ein Zip darf nicht mehrmals an den gleichen Adressaten geschickt werden, wenn dieser es mit „Boing!" zurückgewiesen hat. ◄

Schwerpunkt: Planungsgeschick

Schritt für Schritt
Zwei Akteure nehmen Blickkontakt auf. Person A beginnt nun sich zu bewegen, bleibt stehen. Person B beobachtet die Bewegung und überlegt, wie diese auf ihn wirkt und wie er darauf reagieren könnte. Anschließend bewegt sich Person B. Nach Beobachtung und Bewertung durch Person A reagiert diese auf Person B usw. bis zu maximal 6 „Schritten". Der Raum kann zur Unterstützung in 9 Felder aufgeteilt werden. Es darf nur eine Person auf einem Feld stehen. Mit jedem „Schritt" wird ein neues Feld betreten (waagerecht, senkrecht oder diagonal).

Handlungen fortsetzen
Zwei Personen sitzen sich gegenüber. Sie sprechen nicht. Person A führt eine kurze Handlung aus. Person B beobachtet genau und führt diese Handlung fort. Nun führt A wiederum die Handlung von B fort. Variante: Übung im Kreis mit allen Akteuren im Uhrzeigersinn der Reihe nach.

Bilder verbinden
Mehrere Kleingruppen erhalten je 3–5 Fotos (z. B. mit Menschenabbildungen und Orten im Wechsel). Die Gruppen bringen diese in eine Abfolge mit dem Ziel, daraus eine kleine Szene zu entwickeln. Diese wird den anderen präsentiert.

Die Szene kann in einer zweiten Runde verändert werden. ◄

Schwerpunkt: Spezifisch sein

Partnerinterview
Jeweils 2 Akteure interviewen sich nacheinander gegenseitig etwa 3 Minuten lang. Die Themen können frei gewählt werden. Es bieten sich die Themen aus dem aktuellen Arbeitsumfeld an, in denen die Akteure eine Rolle spielen. Anschließend präsentieren die Akteure das, was sie von ihrem Partner erfragt haben, vor der Gruppe. Sie achten auf eine möglichst genaue Wiedergabe des Inhaltes.

Arbeitssuche ohne Fachkenntnis
Ein Akteur verlässt den Raum. Die Gruppe nennt einen außergewöhnlichen Beruf.

Der Akteur wird wieder hereingebeten und übernimmt die Rolle eines Beraters der Arbeitsagentur Nacheinander kommen Arbeitssuchende aus der Gruppe zu ihm und möchten genau den zu erratenden Job haben, benennen diesen aber nicht.

Glaubt der Berater zu wissen, um welchen Job es sich handelt, dann sagt er es.

Variation: Die Arbeitsuchenden wissen nicht, auf welche Stelle sie sich bewerben, und müssen diese im Laufe der „Beratung" erraten.

ABC – Szene nach dem Alphabet
Die Gruppe teilt 2 Akteuren jeweils eine Rolle zu und benennt den Ort, wo sie sich befinden.

Die beiden spielen eine Szene, wobei jeder immer nur einen Satz spricht. Jeder Satz beginnt immer mit dem Buchstaben des Alphabetes in Reihenfolge, z. B.:
A: Anfangs tut es weh.
B: Bitte nicht!
A: Christoph, sei tapfer. usw. ◄

▶ Die Wirkung von Training für eine agile Haltung erhöht sich, wenn die Anleiter der Übungen durch agiles Handeln eine reflektierte agile Haltung authentisch vorleben. Auch für sie gilt, das eigene Handeln mit jedem Schritt neu zu hinterfragen und den Bedürfnissen der Beteiligten anzupassen. Mit einem solchen Vorgehen werden theaterpädagogische Prinzipien angewendet, welche die Aspekte „Flexibilität" sowie ein „Hic et nunc – im Moment sein" formulieren. Ebenso wichtig ist die Beteiligung und Aktivierung aller, die so Handlungsalternativen erleben und im aktiven und verantwortlichen Tun eigene Beschränkungen und Widerstände erkennen und mit der Zeit überwinden.

Fazit
Die Verlustseite von Agilität wird im steten Wechsel zwischen aktivem Probehandeln und Reflexion sichtbar. Das Verlassen des Gewohnten, das Aufgeben eines Plans, ist Voraussetzung in diesem Vorgehen und erfordert neues, anderes Handeln. Eine agile Haltung wird benötigt. Im Prozess wird die Integration negativer Sichtweisen über die Erkenntnis ermöglicht, dass das Loslassen keine Schwäche, sondern eine agile Handlungsoption darstellt. Ein flexibler Umgang mit Anforderungsänderungen im Seminarprozess unterstützt die Akzeptanz des Unvorhergesehenen.

Dazu ist ein Rahmen notwendig, der selbstverantwortliche Entscheidungen zulässt und somit nach der Selbstbestimmungstheorie von Decy und Ryan eine autonome Motivation legitimiert (Deci und Ryan 1993, S. 224 ff.). Eine aktive Einbindung aller Akteure in die inhaltliche Gestaltung befördert das Lernen mit nahezu allen Sinnen.

Prinzip 2 – Jeden Tag ein bisschen besser werden

Am Anfang steht der Anspruch an ein hochqualitatives Produkt. Wie sich ein zyklisches Vorgehen zur Problemlösung und Qualitätsverbesserung eignet, wurde im Abschn. „Prinzip 1 – Loslaufen, Schritt für Schritt" mit der Nutzung des PDCA-Zyklus dargestellt (vgl. Shewhart, in: Scheller 2017, S. 45).

Ein iteratives, sich wiederholendes, Vorgehen in der Produktentwicklung macht einen schrittweisen Aufbau möglich. Dem Kundenwunsch wird hier bereits in der frühen Phase der Entwicklung inkrementell mittels Feedback entsprochen. Das Inkrement stellt an diesem Punkt bereits einen erkennbaren Wert für den Kunden dar (Preußig 2018, S. 48).

Wer aufhört, besser zu werden, hat aufgehört, gut zu sein.
Philip Rosenthal

Der Plan im agilen Vorgehen ist nicht ein Masterplan, der bereits vollständig aufzeigt, wie das Endprodukt aussieht. Er besteht aus mehreren kleinen Schritten. Das Kundenfeedback formuliert Anforderungsänderungen und wird danach beurteilt, was realisierbar ist. Eine Rückmeldung erfolgt z. B. durch einen Customer Acceptance Test. „Customer first – always" formuliert so beispielhaft eine stetige Kundenorientierung. Diese Haltung charakterisiert eine agile Organisationskultur (Sackmann 2004, S. 143).

Die Bedeutung einer inkrementellen Entwicklung für die Kundenorientierung
Der Kunde

- hat eine Rolle/Aufgabe,
- hat Wünsche und Bedürfnisse, die auf einen Nutzen gerichtet sind,
- wünscht sich Zusammenarbeit und die Umsetzung seiner Visionen,
- möchte zeitlich und finanziell beherrschbare Planungshorizonte,
- möchte das bezahlbar qualitativ beste Produkt.

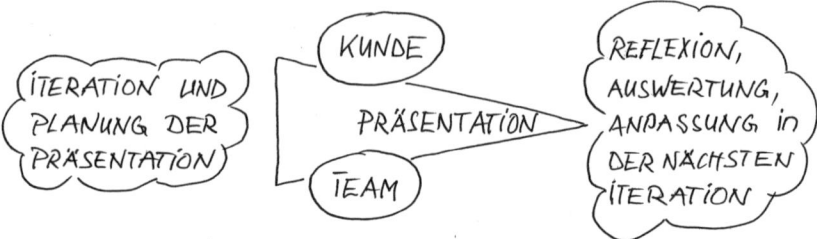

Die Vorteile dieser Form der Produktentwicklung lassen sich nicht auf die Faktoren Zeit und Geld reduzieren. Die zeitnahen Rückmeldungen des Kunden ermöglichen, nur das zu entwickeln, was gebraucht wird. Auf dieses agile Prinzip der Einfachheit wird im Abschn. „Prinzip 3 – Mit dem Einfachen beginnen" näher eingegangen.

In der Präsentation eines Inkrements vor dem Kunden wird eine Analogie zum Theater sichtbar. Eine Präsentation vor Publikum ist wesentlicher Bestandteil von Theater. Diese Minimalvoraussetzung fordert immer die Begegnung „einer Person A, welche X präsentiert, während S zuschaut" (Bentley 1965; zitiert nach Fischer-Lichte 2007, S. 16). Nach der schrittweisen Entwicklung eines Theaterstücks, das die Regie stetig in die Rolle des Entwicklers und Zuschauers gleichermaßen versetzt, verfolgt man das Ziel, das Publikum zu erreichen, zu faszinieren, mehr noch: zu aktivieren.

Eine besonders überraschende, ungewöhnliche Darbietung im Theater unterbreitet dem Zuschauer so das Angebot einer Kommunikation, das dieser gerne annimmt und durch wahrnehmbare Reaktionen honoriert.

Die Kompetenz, zu präsentieren, ist für die inkrementelle Entwicklung von großer Bedeutung. Vom Präsentator ist Überzeugungsarbeit zu leisten, die sich in der Wahl der Inhalte und vor allen Dingen in der Art der Performance mit dem Produkt zeigt. Für den Zuhörer geht es um das gezielte Aufnehmen von Informationen. So ist dieser Vorgehensweise das Zuhören und Verstehen des anderen immanent. Man nimmt mit allen Sinnen wahr, was in der Kommunikation gesprochen und gemeint ist. Eine kommunikative Voraussetzung, die zur gemeinsamen Entscheidungsfindung führt.

Was der Zuschauer wahrnimmt, ist nur eingeschränkt beeinflussbar, wie bereits im ersten Teil des Buches mit Blick auf die systemische Beobachtung dargestellt wurde. Jedoch ist es durchaus möglich, den Blick des Zuschauers über verschiedene ästhetische Mittel und Aktionen zu lenken. So kann eine Beteiligung an der Präsentation evoziert werden, die über ein reines Konsumieren hinausgeht. Und diese Beteiligung, wie sie z. B. für Formen der Improvisation in der Aufführung vorgesehen ist, ermöglicht in beiden Fällen eine Reaktion im Prozess.

Das Rollenspiel, als situiertes Lernen, stellt eine Methode für aktives und gemeinschaftliches Lernen dar. Im sozialen Austausch können komplexe Probleme durch den ermöglichten Perspektivwechsel auf der Bühne betrachtet, artikuliert und reflektiert werden.

Die aktive Gestaltung eines Prozesses fordert eben auch die aktive Beteiligung des Publikums, das ganz im Sinne von Bertolt Brecht, als Begründer des epischen Theaters, den Zuschauer in die Aktivität bringt, indem dieser eine Position zu dem Gesehenen einnehmen kann (Brecht 1965, S. 19).

Theater fördert somit die Fähigkeit zur differenzierten Wahrnehmung in kommunikativen Situationen. Hierbei wird –, auch über Beobachtung, Wiedergabe und Bewertung des Verhaltens anderer – eine angemessene Interaktion ermöglicht (Weintz 2003, S. 276).

Das Lernen durch „human-to-human-interactions" fördert darüber hinaus soziale Kompetenzen, die sich auch in der nonverbalen Kommunikation zeigen (Asal 2006, S. 11).

Die inhaltliche Realitätsnähe im Rollenspiel dient somit auch einer reduzierten Komplexität.

Der Entwickler als Experte kann sich hier ebenso erproben wie der Kunde als Experte mit seinen Bedarfen. Der Entwickler ist sich darüber bewusst, dass er die Präsentation so umsetzt, dass der Kunde das nötige Wissen hat, um die Präsentation zu verstehen. Es geht um den Dialog, der sich mit dem Einlassen auf das Gegenüber entwickelt und veränderte Anforderungen wahrnehmbar macht. In der Interaktion ist es vorrangig, gemeinsam die bestmögliche Lösung zu finden (Wecht 2006, S. 87). Eine sorgfältige Zielformulierung für die Begegnung zwischen Konstrukteur und Kunde kann die Entwicklung einer agilen Haltung fördern.

Ebenso ist es der Entwicklung einer agilen Haltung förderlich, Distanz zum aktuellen Prozess im beruflichen Kontext herzustellen. Hierbei hilft die Übertragung von Prozessschritten und den notwendigen Handlungen in einen anderen, fremden Zusammenhang, um Wahrnehmungseinschränkungen durch Betriebsblindheit auszuschließen.

> Die frühe Einbindung des Kunden schafft auch eine Reduktion von Schwellenängsten.
> Prof. Dr. Christopher Hausmann (vgl. Hausmann, Agilität in der Praxis – Expertengespräche)

Fallbeispiel: Darstellung eines schlüssigen und nützlichen Teilprodukts im agilen Vorgehen

Situationen werden mittels gezielter Beobachtung wahrgenommen. Der Akteur, als Entwickler einer Situation, erfährt, wie wichtig die Beobachtung als Rückmeldung für die Weiterentwicklung des Produkts ist. Der Zuschauer wird hier zum beteiligten Beobachter.

Die Akteure erkennen auf Basis der Rückmeldungen, was das Gegenüber möchte, und versuchen diese Reaktionen und Zuschreibungen in den Prozess zu integrieren. Für die Kommunikation bedeutet das ein Verstehen und Akzeptieren veränderter Anforderungen. Es bedeutet auch, dass der Beobachter die Präsentation des Inkrements versteht. Die Umsetzung zeigt so einen stetigen Wechsel der Rollen, hier die Entwickler, die ihr erstes Inkrement präsentieren, und die Beobachter, die Feedback geben und neue Anforderungen formulieren. Eine Reflexion des Erfahrenen schließt sich nach jedem Schritt an und wird ausgehend von den Fragen aus den Beobachtungsaufträgen gesteuert.

1. **Das erste Inkrement präsentieren und verstehen**
   Im Rahmen der Übung werden die ersten szenischen Ergebnisse den Zuschauern, in diesem Fall dem zweiten Team, gezeigt. Im Anschluss wird die Szene durch die Zuschauer erinnert und so genau wie möglich nachgespielt. Dieser Auftrag erfolgt erst im Anschluss an die Präsentation, um zu erfahren, wie gut die Präsentation beobachtet und verstanden wurde. Anschließend präsentiert das zweite Team, und das erste Team spielt nach. In der Reflexion ist zu berücksichtigen, dass das erste Team hier, in dem Wissen um den Arbeitsauftrag, einen Vorteil hat.
2. **Beobachtungsauftrag umsetzen**
   Beobachtungsbogen a zu Prinzip II. Inkremente:
   Der Beobachtungsauftrag macht sichtbar, wie die Präsentation verstanden wurde und welche Bedingungen ein Verstehen fördern.

Indikatoren	Beobachtung
Wie wurde die Geschichte erinnert?	
Wie wurde erinnert, wer was mit wem besprochen hat?	
Wie wurden die Emotionen erinnert?	
Wie wurde die körpersprachliche Darstellung erinnert?	

3. **Veränderungsanforderung akzeptieren**
   Eine neue Anforderung wird für diesen Fall durch die Anleitenden formuliert. Aufgabe ist nun, die Szenen jeweils in ein anderes Genre zu übertragen. Als Genres stehen zur Auswahl:
   Western, Märchen, Soap, Science-Fiction.
   Die genannten Genres können als bekannt vorausgesetzt werden und ermöglichen es so jedem Akteur, ausgehend von der eigenen Erfahrung, Ideen zu generieren.

Weiter wird der Anspruch formuliert, dass die Herausforderung der Szene, hier eine kommunikative Herausforderung, noch deutlicher gemac3ht werden soll. Eine inhaltliche und qualitative Verbesserung wird angestrebt.
4. **Beobachtungsauftrag umsetzen**
Die Beobachtung unterstützt die abschließende Reflexion und klärt die Teams in ihrer weiteren Entwicklung.

Beobachtungsbogen b zu Prinzip II. Inkremente:

Frage an die Zuschauer	Beobachtung
War das Genre erkennbar und ist die kommunikative Herausforderung immer noch gut sichtbar?	

Kanban-Board

Noch zu erledigen	In Bearbeitung	Erledigt
		Iteration
	Inkrement	
Einfachheit		
Veränderung		
Review		
Retrospektive		
Selbstorganisierte Teams		
Kooperation mit Experten		

Eine gute Idee schlecht zu präsentieren heißt, sie zu morden.
Stanislawski

Die folgenden agilen Praktiken beschreiben Übungen, die auf lebendige Weise den Erwerb der Kompetenzen Verbindlichkeit und Präsentationsfähigkeit fördern und je nach Kontext und Absicht auch in den beruflichen Alltag integriert werden können, um eine Nachhaltigkeit zu gewährleisten.

Agile Praktiken
Im agilen Vorgehen wird der Nutzen eines Produkts über eine Rolle kommuniziert. In einer übernommenen Rolle zu sprechen, erfordert das Wissen um verbale und nonverbale Wirkung. Nachfolgende Praktiken trainieren mit der Rollenübernahme gleichermaßen deren Wirkung auf Sprache und somit auch auf das Verstehen von Inhalt. Ein weiterer großer Einflussfaktor liegt in der Einnahme eines bestimmten Status. Die Funktion und Wirkungsweise dieses Kommunikationsverhaltens wird im Abschn. „Prinzip 8 – Unterstützung holen" ausführlicher erläutert.

Präsentationsfähigkeit heißt, ausgehend von einer inhaltlich sehr guten Vorbereitung und Fachkenntnis, in gutem und authentischem Kontakt mit dem Publikum ein Produkt adäquat vorzuführen.

Verbindlichkeit zeigt sich in der Einhaltung von Absprachen, Kommunikationswegen, Leistungen.

Einstiegs- bzw. Aufwärmübung für Körperarbeit

Kräftemessen
Paarweise gegenseitig versuchen, sich mit äußerstem Krafteinsatz wegzuschieben, aber dabei die Waage zu halten; keiner darf den anderen tatsächlich wegschieben.
  Varianten: Hände gegenseitig auf Schultern, Rücken an Rücken, Gesäß an Gesäß, Füße gegen Füße, Finger gegen Finger usw. ◄

Schwerpunkt Präsentationsfähigkeit

Texte vortragen
Jeder Akteur erhält einen beliebigen Text. Es bieten sich Fachartikel aus Zeitschriften an. Anschließend werden Rollen zugeteilt, z. B. Pfarrer, Nachrichten-

sprecher, Politiker, Yogalehrer u. a. Der Text wird nun in der Rolle vorgelesen. Mimik und Gestik verdeutlichen die Rolle, die im Nachgang von den Zuschauern erraten wird. Wie Intonation und Körpersprache den inhaltlichen Eindruck verstärken oder stören kann, wird im Nachgang besprochen. Ebenso wird darauf geachtet, wie der Redner Kontakt und Blickkontakt mit dem Publikum herstellt.

Bester Verkäufer
Zwei stellen sich auf weit voneinander entfernte Stühle im Raum. Die Spielleitung gibt vor, welche Gegenstände anzupreisen sind.

Alle anderen sind Passanten, die immer dorthin gehen, wo sie am meisten verstehen bzw. am besten unterhalten werden.

- Mögliche Waren:
- Bratpfanne mit Radio
- Spray gegen Untreue
- Zuckerwürfelformer
- Strumpfbandentfärber
- Tanzhosentaschentücher
- Eierkocher mit Konsistenzscanner
- Waage mit Angabe von Vergleichsgewichten
- Tannenbaum für das ganze Jahr

Sprache improvisiert
Die Akteure erhalten 3 Begriffe, die nichts miteinander zu tun haben. Diese sollen nun als Rede verbunden und an eine definierte Zielgruppe (z. B. Kinder, Vorstände, Reisende) gerichtet werden. Die Wirkung einer zielgruppenorientierten Sprache wird im Nachgang reflektiert. ◄

Schwerpunkt Verbindlichkeit

Abklatschen
Im Kreis stehend gehen immer 2 Akteure in die Mitte und stellen 2 sich aufeinander beziehende Statuen. Aus dem Kreis wird nun ein Ort als Vorgabe genannt. Die beiden Akteure fangen aus der Haltung heraus an zu improvisieren. Nach einer Minute wird geklatscht, die Szene friert ein und der Klatscher ersetzt einen Akteur, indem er dessen aktuelle Körperhaltung übernimmt. Die Szene wird nun mit einem anderen Ort/Thema neu definiert.

Auftritt und Abgang
Zwei Akteure betreten die Bühne. Ein Ort wird vorgegeben. Jeder erhält 2 Sätze. Der 1. Satz markiert den Auftritt eines jeden Akteurs. Spricht einer der Akteure den 2. Satz, bedeutet das, dass dieser aus der Szene abgehen muss. Der Grund des Abgangs muss dann durch einen für die Zuschauer nachvollziehbaren Impuls, eine deutlich erkennbare Handlung, erfolgen und nicht rein im Aussprechen des Satzes liegen.

Sturm-und-Drang-Rede
Ein Dialog vollzieht sich mit der Vorgabe, dass die Akteure die Aussagen des anderen immer mit einer Interjektion kommentieren (Ausrufe wie: Ojojo, Wow, Upps, Nanana, tztztztz etc.). ◄

▶ **User Story** Eine User Story beschreibt aus Sicht des Kunden „die Anforderungen an das Produkt" (Preußig 2018, S. 90) und das Ziel, das sich diese Rolle wünscht (Scheller 2017, S. 504). Die weitere Umsetzung des Produkts wird auf Basis der User Story iterativ mit dem Kunden vorgenommen.

Eine User Story lässt sich so formulieren:

- Welche Rolle/welcher Kunde spricht?
- Was ist der Bedarf/Wunsch des Kunden?
- Welchen Mehrwert/Nutzen bringt dem Kunden das Produkt?

Dieses Vorgehen kann im Training mit agilen Praktiken umgesetzt und erprobt werden. Nachfragen in Form eines Interviews sind ausdrücklich erwünscht.

Wer als Experte auftritt, benötigt zumeist nicht nur qualifiziertes Wissen, sondern auch Überzeugungsfähigkeit, damit der Rezipient das angebotene Wissen auch nutzt.

Fazit
Im Zentrum steht der Kunde. Im agilen Handeln wird die Einbindung des Kunden mit maximaler Ausprägung gelebt. Das ist Bedingung. Das ist ein agiler Wert.

Die Leitgedanken des „Agilen Manifests" greifen für das agile Prinzip der inkrementellen Entwicklung in ganz besonderem Maße. Das Individuum zeigt sich in der Zusammenarbeit mit dem Kunden und optimiert diese im Reagieren auf Anforderungsänderungen.

Trainings, die die Möglichkeiten eines Perspektivwechsels, als Akteur und Beobachter, beinhalten, fördern die Akzeptanz eines Feedbacks und eröffnen Handlungsalternativen.

Eine gute Kundenbeziehung lebt von einer funktionierenden Kommunikation. Wie agil sich der Einzelne im Kundenkontakt zeigen kann, ist auch abhängig vom Vertrauen in die eigenen Handlungsoptionen und von der Wahrnehmung des Gegenübers (vgl. Status).

Auch wenn sich der Dramatiker Oscar Wilde mit der Aussage „Das Stück war ein großer Erfolg. Nur das Publikum ist durchgefallen" scheinbar der Beurteilung durch das Publikum entzieht, bleibt die Erkenntnis, dass es keine Entwicklung im Vakuum geben kann.

Prinzip 3 – Mit dem Einfachen beginnen

Globale und komplexe Gesellschaften produzieren ständig große Unsicherheiten. Diese werden aber nur lokal und ungleichzeitig mehr oder weniger unauffällig von Menschen erlebt, und sie werden in verschiedenen Teilsystemen der Gesellschaften von zuständigen Fachleuten und Experten bearbeitet. Es gibt keine Experten, die alle Veränderungen überschauen und angemessen beurteilen können.

Einfachheit meint eben weit mehr, als eine einfache Erklärung auf komplexe Umwelten zu finden, die es nicht geben kann. Über das Bestehende hinaus zu denken, quer zu denken, erfordert Kreativität und eine Erweiterung des bestehenden Kontextes, den Umgang mit Dilemmata.

So geschieht es in pandemischen Zeiten, wenn Politiker

> ihre Strategie an dem Grundsatz ausrichten, dass die Anstrengung des Staates, jedes einzelne Menschenleben zu retten, absoluten Vorrang haben muss vor einer utilitaristischen Verrechnung mit den unerwünschten ökonomischen Kosten, die dieses Ziel zur Folge haben kann. Wenn der Staat der Epidemie freien Lauf ließe, um schnell eine hinreichende Immunität in der gesamten Bevölkerung zu erreichen, nähme er das vermeidbare Risiko des voraussehbaren Zusammenbruchs des Gesundheitssystems und damit einen höheren Anteil an Toten billigend in Kauf. (Habermas 2020)

Gesehen wird dieses alle Menschen betreffende Dilemma durch noch nie dagewesene mediale Vermittlungsmöglichkeiten. Das erzeugt große Unsicherheit und Ängste, denen man nur mit einer Komplexitätsreduzierung begegnen kann, der Einfachheit. Diese Herausforderung erzeugt aber wiederum Probleme, denen sich

Menschen verantwortungsbewusst stellen müssen. Kant hat hier wegweisende Erkenntnisse beigetragen durch seine paradigmatische Setzung:

> Aufklärung ist der Ausgang des Menschen aus seiner selbst verschuldeten Unmündigkeit. Unmündigkeit ist das Unvermögen, sich seines Verstandes ohne Leitung eines anderen zu bedienen. Selbstverschuldet ist diese Unmündigkeit, wenn die Ursache derselben nicht am Mangel des Verstandes, sondern der Entschließung und des Mutes liegt, sich seiner ohne Leitung eines anderen zu bedienen. Sapere aude! Habe Mut, dich deines eigenen Verstandes zu bedienen! ist also der Wahlspruch der Aufklärung. (Kant 1784)

Diese Selbstverantwortung unterstützt das Prinzip der Einfachheit und fordert, übertragen in einen Produktentstehungsprozess, nur die notwendigen Anforderungen zu erfüllen und nur die Tätigkeiten umzusetzen, die wirklich erforderlich sind.

Demgemäß geht es darum, im Moment zu sein und das Einfache dem Komplexen vorzuziehen, statt „heute etwas Kompliziertes zu tun, das vielleicht niemals eingesetzt wird" (Beck 2003, S. 30 ff.). So wird ein „nicht vorausdenken" als ein grundlegender agiler Wert benannt. Eine stetige und gute Kommunikation unterstützt die Einfachheit in dem Wissen, was tatsächlich zu tun ist. Dazu gehört zum einem eine stark entwickelte Analysefähigkeit und zum anderen eine hohe Kompetenz, Beteiligte von diesen notwendigen einfachen Schritten zu überzeugen. In der Praxis wird hier eine Vorgehensweise gelebt, die große Anforderungen auf einer höheren Abstraktionsebene formuliert (vgl. Rubin 2014, S. 123).

Besonders in hochkomplexen und sich schnell wandelnden Situationen mit zum Teil widersprüchlichen Einflussgrößen fallen dringend und zeitnah notwendige Entscheidungen auch besonders schwer. Solche Situationen werden von vielen Menschen als Dilemma erlebt, denn sie müssen Entscheidungen treffen, obwohl die zur Verfügung stehenden Informationen als nicht ausreichend empfunden werden. Auswege aus Dilemmata gibt es scheinbar nicht, denn ein Dilemma definiert sich als eine Einheit unvereinbarer Widersprüche. In solchen Fällen gilt es, eine dringend erforderliche Entscheidung zu treffen, sich dessen bewusst zu sein, dass sie nicht vollkommen durchdacht sein kann, und diesen Widerspruch auszuhalten und zu verantworten. Sinnvoll ist es in solchen Fällen, nach Lösungen zu suchen, wie ein Dilemma umgangen werden kann, sodass man erst gar nicht zu falschen Entscheidungen genötigt wird.

Einprägsam schildern die Autoren Ferdinand von Schirach und Alexander Kluge in einem Gespräch über den Umgang mit einer Pandemie die Herausforderung, in einer wissenschaftlichen Uneindeutigkeit Entscheidungen treffen zu müssen und so nur um das „richtige" Maß und den „richtigen" Weg ringen zu können (vgl. Kluge und Schirach 2020).

Treten zwei oder mehrere große Krisen gleichzeitig auf, verschärft sich die Situation. Wie sollen Menschen sich verhalten, wenn sie aufgefordert werden, z. B. wegen einer Pandemiekrise, sich häufig die Hände zu waschen, und gleichzeitig aufgrund der Klimakrise appelliert wird, Wasser zu sparen, um eine Verknappung dieses lebensnotwendigen Gutes zu verhindern? Richard Kalich hat in seinem Roman „Die Kreatur" die Fabel vom Dilemma bis zu ihrer finalen Auflösung in noch nicht gekannter Weise zugespitzt (Kalich 1989).

Ein solcher Widerspruch ist auch als paradoxe Kommunikation zu bezeichnen (Schulz von Thun 2000, S. 35 ff). Die Wirkung paradoxer Kommunikation wurde 1956 von Bateson, Jackson, Haley und Weakland formuliert (Bateson et al. 1956; zitiert nach Watzlawick et al. 2000, S. 195).

Hierbei wird zwischen einer widersprüchlichen und einer paradoxen Botschaft dahingehend unterschieden, dass im Fall des Widerspruchs eine Alternative gewählt werden kann, die paradoxe Botschaft jedoch nicht auflösbar ist (Watzlawick et al. 2000, S. 201). Handlungsaufforderungen, die sich gegenseitig ausschließen, werden

Organisationen dadurch gerecht, dass sie gleichzeitig Handlungen umsetzen können, indem sie in Untereinheiten Handlungen vollziehen (Simon 2018, S. 119). Ein Beispiel hierfür ist die Reduktion der Lagerhaltung bei einer gleichzeitigen zeitnahen Lieferfähigkeit des Vertriebs.

Aristoteles hat sich in seinen umfangreichen philosophischen Ausarbeitungen auf der Suche nach der Glückseligkeit bereits sehr früh auf die Suche nach Handlungsmöglichkeiten gemacht, die zwischen unvereinbaren Zuständen liegen (vgl. Aristoteles. Nikomachische Ethik, Zweites Buch, Seite 97). So wie es keine allgültige Lösung auf dem Weg zwischen Überfluss und Mangel geben kann, so gibt es keine Ideallinie bei dem Dilemma, unaufschiebbare Entscheidungen auf mangelhafter Wissensgrundlage zu treffen. In solchen Situationen ist es deshalb wichtig, die Sachlage transparent zu kommunizieren: zu wissen, dass man nicht alles weiß. Es gilt, die zwangsläufig erwartbaren Fehler als wichtige Schritte zu begreifen, aus denen man lernen kann. Es liegt nahe, dass kleine Schritte kleine Fehler produzieren und große Schritte große Fehler. Und es liegt nahe, dass kleine und einfache Schritte in einem Prozess, die iterativ und kurzfristig immer wieder Prüfungen unterzogen werden, die Chance bieten, eher kleine als große Fehler zu machen, aus denen schnell gelernt und die entsprechenden Veränderungen plausibel abgeleitet werden können. Am Rande sei darauf verwiesen, dass auch ein Grundpfeiler einer transparenten Kommunikation die Einfachheit ist.

Die Einfachheit und eine lebendige Fehlerkultur lösen zwar kein Dilemma, sie heben keine unvereinbaren Widersprüche auf, aber sie geben einen Hinweis, wie damit umgegangen werden kann. Die schlimmste Folge bzw. der schlimmste Fehler im Umgang mit einem Dilemma wäre es, nichts zu tun, weil es keine Optionen böte, aus gemachten Fehlern zu lernen.

In der Einführung einer agilen Haltung reicht dieses Entweder-oder-Denken nicht mehr aus. Mehr noch: Eine hybride Vorgehensweise, wie sie im organisationalen Kontext häufig praktiziert wird (vgl. Fahl, Agilität in der Praxis – Expertengespräche), verlangt eine andere Form des Umgangs mit einer agilen Veränderung. Diese klassische Entscheidungsformel wird einer Komplexität nicht gerecht. Sie reicht nicht aus, neues Verhalten zu implementieren, einhergehend mit dem Weckruf: Jetzt sind wir agil.

Mit Blick auf das Projektmanagement geht es darum, zu nutzen, was die Situation erfordert – eine klassische oder eine agile Vorgehensweise. Zu unterscheiden zwischen komplizierten und komplexen Kontexten.

Das Tetralemma ist eine Möglichkeit, Handlungsoptionen sichtbar zu machen, unterschiedliches Handeln zu ermöglichen. Diese 4-teilige Annahme „das Eine", „das Andere", „beides" und „keines von beiden" macht u. a. den Umgang mit diesen Erfordernissen (be)greifbar, indem sie das Bewährte weiterhin nutzt und eine neue agile Haltung gleichermaßen begrüßt, eine Position des Sowohl-als-Auch zulässt. Die Integration des Neuen ist quasi Voraussetzung, damit das Bewährte Bestand hat.

Dieses nicht lineare Denken negiert eine kausale Beziehung zwischen Ursache und Wirkung (Kibéd und Sparrer 2018, S. 163) und ist so dem agilen Handeln inhärent, als grundlegender Umgang mit Komplexität. Die Anwendung des Tetralemmas bedeutet darüber hinaus, einen Perspektivwechsel zu vollziehen. Dieser erzeugt so einen weiteren Freiheitsgrad.

Die Forschungen zum Quantencomputer zeigen ein analoges Bild in der Weiterentwicklung digitaler Technik. Auch hier geht es nicht mehr um sich gegenseitig ausschließende Entscheidungsoptionen bzw. Schaltvorgänge des Entweder-Oder, des Ja-oder-Nein, des Ein-oder-Aus und der Nullen und Einsen. Es besteht eine Gleichzeitigkeit des Ja-sowohl-als-auch-Nein, der gleichzeitigen Aggregatzustände eines Elektrons mit einem Plus- und einem Minuspol und der damit einhergehenden Möglichkeit des gleichzeitigen Transports sich gegenseitig ausschließender Informationen. Dies würde die Informationsübermittlung im Vergleich zur digitalen Technik um ein Vielfaches potenzieren und damit die Rechnerleistung in bisher unvorstellbare Dimensionen erhöhen.

Agile Prinzipien bieten Handlungsoptionen an, um auch in unübersichtlichen Situationen handlungsfähig zu bleiben und den Weg zum Ziel situations- und bedarfsgerecht gestalten zu können. In unübersichtlichen Situationen wird das Dranbleiben an einer Situation als besonders hilfreich erfahren. Als Erkenntnis zeigt sich darüber hinaus, wie wichtig es ist, sich auf den Moment einzulassen und eine Situation wirklich zu erleben.

Den Moment der Entwicklung als Ziel zu begreifen und engagiert umzusetzen, ist Ausdruck und Fähigkeit kreativer Persönlichkeiten, die mit Ambiguität umzugehen wissen (vgl. Holm-Hadulla 2010, S. 21).

Fallbeispiel
Der Transfer der im Training gemachten Erfahrungen hängt stark von der lebensweltlichen Relevanz der Inhalte und deren Subjektbezug ab (vgl. Weintz 2003, S. 177). Ein für die Beteiligten relevantes Thema, das sich im Vorfeld über eine Befragung zeigt, wird so thematisch der weiteren szenischen Entwicklung zugrunde gelegt.

In Korrespondenz zum Bühnenhandeln formuliert Stanislawski das Erfordernis, „stets aufrichtig, produktiv und zielbewusst" zu sein (Stanislawski 1986, S. 20). Das von Böhle für die Sozialwissenschaften formulierte zielorientierte Handeln gilt somit auch für das Theater (vgl. Böhle 2017, S. 73).

Die Methoden Augusto Boals nehmen die Gesamtheit der Ebenen in den Blick und visieren so Subjekt- und Gesellschaftsbezug gleichermaßen an (vgl. Weintz 2003, S. 282 f.). Es geht Boal darum, die Realität nicht nur zu zeigen „wie sie ist, sondern auch – noch wichtiger – wie sie sein könnte" (Boal 2016, S. 20). So wird die Veränderbarkeit der Welt und gleichsam deren gestaltbarer Anteil betont. Darüber hinaus ermöglicht der Fokus auf einen Aspekt die spielerische Auseinandersetzung mit einem kleinen Teil der komplexen Wirklichkeit, die nach und nach eine Übertragung auf das Ganze finden kann.

Die Arbeit mit der Technik des Bildertheaters bewirkt bei den Beteiligten vermehrt den Impuls, Fragen zur Situation zu stellen und so den Weg als Ziel zu begreifen.

Ausgehend von einem Standbild, das die derzeitige Herausforderung darstellt (Realbild), wird ein Idealbild „gestellt". „So soll es sein, das wünschen wir uns." Der Schritt vom Ist- zum Sollzustand wird als Übergangsbild visualisiert und dient als Richtungsvorgabe für das, was umgesetzt werden muss, um das Ziel zu erreichen.

In dem Fokus auf ein Übergangsbild wird, mit Blick auf die wirklich notwendigen Aufgaben, ein Vorausplanen vermieden. Darüber hinaus zeigt sich ein Vertrauen in den Prozess, der über ein schrittweises Vorgehen auch entlastend wirkt.

Agilität fordert den Fokus auf den Prozess. Der Weg zum Produkt, der sich für alle gestaltbar zeigt, wird in den Mittelpunkt der Betrachtung gestellt. Hiermit erfahren sich die Beteiligten als wirksam auf dem Weg zum Ziel. Aktivitäten, die wirklich notwendig sind, erzeugen so den größten Effekt. Laut Stanislawski stellen Aktivität und Wirksamkeit auch „wesentliche Grundgedanken" des Theaters dar (Stanislawski 1988, S. 46).

Der Spieler entscheidet nach Ebert im Moment des Handelns „selbstständig und frei, welche Aktivitäten er innerhalb einer vorgegebenen Situation entwickelt, was und wie er handelt" (Ebert 1999, S. 80).

Methode

1. Die Herausforderung zeigen
   Im ersten Schritt wird ein Standbild zur kommunikativen Herausforderung in der Kernaussage dargestellt. Der Moment wird über das Realbild, als Ausgangsbild, sichtbar.
2. Zukunft experimentell visualisieren
   Ein Bild wird entwickelt, das die Zukunft so darstellt, wie sie gewünscht wird. Die Herausforderung wurde gemeistert.
3. Der Weg in die Zukunft
   Es wird ein Bild entwickelt, das das Gestalten einer neuen Realität zeigt – der Prozess vom Realbild zum Idealbild wird in seiner Komplexität auf ein Bild abstrahiert – und somit vereinfacht.
4. Beobachtungsauftrag umsetzen
   Beobachtungsbogen zu Prinzip III. Einfachheit – Name der Beobachter Gruppe A oder B:

Indikatoren	Beobachtung
Wurde im Realbild die kommunikative Herausforderung sichtbar?	
Zeigt das Idealbild ein smartes Ziel?	
Stellt das Übergangsbild einen gangbaren Weg dar?	

Kanban-Board

Noch zu erledigen	In Bearbeitung	Erledigt
		Iteration
		Inkrement

Noch zu erledigen	In Bearbeitung	Erledigt
	Einfachheit	
Veränderung		
Review		
Retrospektive		
Selbstorganisierte Teams		
Kooperation mit Experten		

Agile Praktiken
Die folgend beschriebenen agilen Praktiken trainieren insbesondere die für das Prinzip Einfachheit hilfreichen Kompetenzen wie Analysefähigkeit, z. B. in der Wahl der Mittel und Wege, sowie Überzeugungsfähigkeit.

Überzeugungsfähige Menschen erreichen andere Menschen mit ihren Denkwelten und gestalten proaktiv ihr Umfeld.

Analysefähigkeit zeigt sich in der Ordnung komplexer Zusammenhänge. Hierbei wird das Wesentliche erfasst.

> **Interaktive Einstiegs- bzw. Aufwärmübung**

Freund und Feind im Raum

Alle gehen neutral bewusst durch den Raum, versuchen dabei, den Raum auszufüllen, gleiches Tempo. Zwischen allen herrscht eine magnetische Abstoßungskraft. Dann wieder neutraler Gang. Nun sucht sich jeder insgeheim einen Killer (vor dem man Angst hat und davonläuft) und einen Beschützer (dessen Nähe man sucht).

Variationen: Der Beginn der Übung kann folgendermaßen variiert werden: Die Gruppe verteilt sich im Raum. Jeder sucht für sich einen Feind (vor dem er wegläuft) und einen Freund (zu dem er hinläuft). Auf „Los!" der Spielleitung gehen alle los. ◄

> **Schwerpunkt Überzeugungsfähigkeit**

Ankünden absonderlicher Ausstellungen

Die Spielleitung verteilt an Paarungen auf einem Zettel die Ankündigung für eine absonderliche Ausstellung. Die Paare bereiten sich 5 Minuten vor, gehen auf die Spielfläche und präsentieren die Ankündigung. Fortgeschrittene Gruppen erhalten den Auftrag, solche Ankündigungen selbst zu erstellen.

Beispiele:

- erste Gebrauchtkaugummiausstellung der Welt,
- die Schönheit von Verwesungsprozessen,
- liebende Menschen hinterlassen Spuren,
- molekulare Veränderungen
  usw.

Methode: kommen – volle Energie – Text – Pause – gehen.
Welche Präsentation beeindruckt die Zuschauer am stärksten? Warum?

Werbespot
Der Anleiter hat eine Kiste mit einfachen Requisiten bereitgestellt (Zuckerwürfel, Krawatte, Bonbon, Zange, Buch, …). Jeder soll sich einen Gegenstand nehmen und diesen in einem kurzen Werbespot anpreisen. Hierzu bekommt er nur eine knappe Vorbereitungszeit von 2 Minuten. Die Werbespots folgen im schnellen Wechsel.

Werbeslogan wirkungsvoll vortragen
Jeder sucht sich einen Werbeslogan aus (kann auf einem Zettel stehen). Dann soll die Person auf die Bühne treten, den Satz sagen und wieder abgehen.

Auswertung:

- Wie überzeugend wirkt der Satz?
- Welche Mittel hat der Sprecher eingesetzt? Wie stehen Stimme, Sprache, Text zur Körpersprache? Wie kann der Vortragende überzeugender wirken? Welchen Anteil an der Wirkung hat die Stimme? ◄

Schwerpunkt Analysefähigkeit

Mord durch Blinzeln
Die Spielleitung benennt heimlich einen Mörder.
Dieser kann durch Anblinzeln von Personen morden (Blickkontakt).
Nun gehen alle durch den Raum. Wer angeblinzelt wurde, fällt sofort tot um und bleibt liegen. Schnell versuchen alle herauszufinden, wer der Mörder ist.
Sobald einer es weiß, ruft er laut seinen Namen. Stimmt seine Vermutung nicht, stirbt er auch auf der Stelle.
Variante 1: Der Ermordete geht noch 10 Schritte, bevor er tot umfällt. So wird die Suche nach dem Mörder erschwert.
Variante 2: Es wird eine Szene gespielt, z. B. eine Gesellschaft auf einem Kreuzfahrtschiff, eine Party, eine Sportveranstaltung usw. Jeder übernimmt eine bestimmte Figur in der Szene.

Blöde Maske fragt „Warum?"
Eine Person kann als Alter Ego eine Maske, z. B. eine Basler Maske mit einfältigem Gesichtsausdruck, in der Hand halten und jede Aussage zum Inkrement, Kundenwunsch oder Prozess mit stoischem „Warum?" befragen.
Ziel ist es, die befragten Personen zu immer mehr Aussagen und Begründungen zu bewegen und auf diese Weise immer mehr Material für eine Analyse zu generieren.

Kauderwelschgespräch
Zwei Personen unterhalten sich in Kauderwelsch.
Das Publikum berichtet anschließend über den Inhalt des Gesprächs. ◄

▶ Wenn 2 zur Verfügung stehende Handlungsvarianten als notwendig schnelle Reaktion auf ein anstehendes Problem mangels ausreichender Informationsbasis als unsicher gelten, dann helfen auch keine weiteren Analysen, und es ist beliebig, welche der beiden Lösungen gewählt wird. Fatal wäre aber ganz sicher, nichts zu tun. Also kann man in vollem Bewusstsein der Vorläufer- und Fehlerhaftigkeit eine beliebige der beiden Varianten wählen.

Kluge Führungskräfte oder Teamleiter suchen in ihrem Umfeld nicht primär Menschen, die sie und ihre Vorhaben unterstützen und befürworten (Echoraum), sondern mindestens gleichermaßen Kritiker ihrer Vorhaben. Das unterstützt sie dabei, nicht betriebsblind zu werden und eigene Handlungen nur noch unkritisch zu betrachten.

Fazit

Die größte Herausforderung für Menschen besteht darin, nicht vorschnell Sicherheit zu erwarten in einer sich verändernden Welt. Vorurteile verleiten dazu, sich schnell sicher zu fühlen. Sicherheit gibt es aber in einer VUCA-Welt nur im Aushalten von Unsicherheit, nicht in der Vereinfachung durch Leugnung der Komplexität. Sicherheit gibt es nur in der Einfachheit der kleinen Schritte, im Trial and Error. Niemals in der Stagnation und im Festhalten an Vorurteilen und Dogmen.

Es bleibt, das „Mach es einfach!" in kleinen, möglichst überschaubaren und sinnhaften Schritten im Versuch und Irrtum zu lernen und dauerhaft agil zu bleiben durch eine agile Haltung, die ein kontinuierliches Ambiguitätstraining einschließen sollte.

> Es gibt kein richtiges Leben im falschen.
> Theodor W. Adorno: Minima Moralia (Gesammelte Schriften 4, Frankfurt/M. 1997, Seite 43)

Prinzip 4 – Sich mit der Umwelt verändern

Beständig zeigt sich im heutigen Arbeitsumfeld der Wandel. Inmitten dieser Dynamik müssen wichtige Managemententscheidungen zunehmend häufiger und schneller getroffen werden. Für eine fundierte Analyse bleibt immer weniger Zeit. Solche Entscheidungen nähern sich dem, was man landläufig unter improvisieren versteht: spontan aus dem Bauch heraus ohne ausdifferenziertes rational durchdachtes und ausargumentiertes Konzept handeln. Diese Entscheidungen müssen nicht zwangsläufig kopflos erfolgt sein, denn ein Bauchgefühl beruht bei Menschen, die sich eine lange Zeit intensiv mit einer Sache beschäftigt und sie durchdrungen haben, auf einem großen Erfahrungswissen, das über die Jahre durch laufende Evaluationsprozesse, auch durch Trial and Error, kontinuierlich reflektiert wurden. Es ist vergleichbar der Reaktion eines erfahrenen Schachspielers, der nicht mehr jeden möglichen Zug und seine Folgen, wie ein Computer, durchdenken muss. Es haben sich bei solchen Menschen Kompetenzen von Mustererkennungen gebildet, die ihnen erlauben, nach jahrelangem reflektiertem Training, spontan auf neue und komplexe Herausforderungen angemessen zu reagieren.

Nichts ist so beständig wie der Wandel.
   Heraklit

Auf Basis empirischer Studien wurde festgestellt, dass das Aktivieren automatisierter Verhaltensweisen zunimmt, je authentischer die Lernsituation gestaltet ist (Henninger und Mandl 2000, S. 215). Im Zusammenhang mit automatisierten Verhaltensweisen kommt der bewussten und reflektierten Betrachtung des Lernprozesses eine besondere Bedeutung in ihrer rationalen Kontrollfunktion zu.

Im kindlichen Spiel kann der Mensch frei auf alle seine Ressourcen zugreifen. Dieser Zugriff erfolgt intuitiv und spontan. Ihm liegen zunächst kein Plan und keine logische Prozessfolge zugrunde. Der Zugriff auf diese Ressourcen ist gekennzeichnet durch spontane Sprünge, Brüche, Assoziationen und kreative Verknüpfungen. Regeln werden in diesem Prozess aufgestellt und wieder gebrochen. Erlaubt ist, was passt und was die Spielidee, das höhere Ziel, voranbringt und ausgestaltet. Alle kreativen Kräfte können frei floaten. Das improvisierte Spielen kann Zugänge zu un- und vorbewussten Quellen in den Akteuren erschließen. Möglicherweise öffnet es sogar Zugänge zu weit älteren Quellen eigener und fremder Erfahrungen, die sich, gemeinhin als archaisch bezeichnet, über Generationen und Evolutionsstufen hinweg entwickelt haben. Die Forschungen der Epigenetik geben inzwischen immer deutlichere Hinweise auf diese komplexen Vorgänge und verborgenen Ressourcen im Menschen (Roth 2015, S. 47 ff.).

In einem eher offenen und improvisierenden prozesshaften Vorgehen werden Fehler gemacht. Darum ist es wichtig, für ein Handeln in Unsicherheit einen äußeren Rahmen zu schaffen, der auch fehlerhaftes Verhalten positiv sanktioniert, damit das Fehlermachen nicht demotivierend wirkt. In Organisationen bilden Fehler eine wichtige Erfahrungsquelle, wenn die richtigen Schlüsse daraus gezogen werden. Darum ist das (selbst)reflektierende Verhalten im Prozess der Unsicherheiten unabdingbar.

Eine grundlegend bedeutsame Funktion, die sich der Mensch zunutze machen kann, besteht im direkten Einbezug der Umgebung, sprich: möglichst vieler der von einem Thema betroffenen Menschen bei der Entscheidungsfindung, also all ihrer Kompetenzen und Potenziale. Das nützt den Arbeitsteams, der Gesamtheit der Organisation und stärkt darüber hinaus den Einzelnen.

Kundenorientierung und Expertenmeinungen ermöglichen so einen offenen Prozess, dem der Umgang mit Veränderung immanent ist. Das wiederum wirkt auf die Entfaltung und das Wachsen einer konstruktiven Fehlerkultur zurück.

Anforderungsänderungen als Chance zu sehen, ist eine grundlegende agile Haltung.

In unserer von Medien durchwirkten Welt lässt sich eine Omnipräsenz von theatral-dramatischen Phänomenen beobachten. Die ganze Welt wird zur Bühne gemacht und gleichermaßen als Präsentations- und Spielraum genutzt. Allerorten Inszenierungen, absichtsvoll und zielbewusst, aber auch häufig ohne konkreten Plan, ohne den Anspruch, auf ein A auch ein B folgen zu lassen.

Allem Agieren liegt zumeist ein tief greifender Wunsch nach sozialer Verbindung zugrunde, nach „connectedness" (Heckhausen und Heckhausen 2006, S. 306 ff.). Der Einzelne wird gleichermaßen als Mitglied sozialer Gruppen gesehen. Die Aneignung von Wissen zeigt sich so auch als Ergebnis sozialer Konstruktionsprozesse (Dewey 1925/1981; zitiert nach Mandl und Gerstenmaier 2011, S. 170).

In Organisationen wird „connectedness" mehr und mehr zum zentralen Erfolgsfaktor. Offene Kommunikation nach innen und nach außen, innerhalb von Teams, über Hierarchiegrenzen hinweg, mit Kunden und Lieferanten, zeichnet zukunftsfähige Unternehmen aus. Personal- und Organisationsentwicklungsprozesse in Unternehmen und Organisationen sind meist sehr komplexe Vorgänge mit z. T. eigenwilliger Dynamik. Das macht es schwierig, sich zu orientieren, sowohl für Interne (Mitarbeiter, Manager) als auch für Externe (Berater, Trainer, Personalentwickler und Kunden).

Bei der Arbeit an Beziehungs- und Kommunikationsproblemen in kleinen Projektgruppen ist es oft schwer, das Gesamtsystem und den Gesamtprozess im Auge zu behalten und zu berücksichtigen. Brecht hat z. B. mit dem Begriff des Probenleiters, im Gegensatz zum Regisseur, auch deutlich gemacht, dass es eine Führung braucht, die Offenheit im Ensemble zulässt und sanktioniert, keine Führung, die autoritär nach einem vorgefertigten Plan ein Stück nach eigenen Vorstellungen inszeniert. Interventionen mit Agilität fördernden Methoden können in Organisationen (Spiel-)Räume eröffnen, in denen Aktivität und Beteiligung gewollt werden.

Dinge lernt man am besten, wenn man sie selbst tut. Nur über diese Selbstwirksamkeitserfahrung erwirbt der Mensch seine Auctoritas und macht sich zum souveränen, selbstständig agierenden Subjekt. Folglich können als Grundsätze von Lernen und Veränderungen die folgenden Kriterien in den Blick gerückt werden:

- Die Intervention sollte alle Wahrnehmungssinne berücksichtigen. Neben dem klassischen Hören und Sehen sollten auch die Geruchs-, Geschmacks- und insbesondere die Körper- und Bewegungssinne einbezogen werden.
- Schnell ins Handeln kommen, statt lange über Dinge zu reden.
- Die kognitive Seite etwas in Schach halten, die emotionale Seite stärken.
- Gemeinsames Erleben möglich machen, psychisch und physisch in Kontakt kommen („connectedness").

Methoden und Übungen zur Förderung der Agilität, wie sie auch in Theaterarbeit, Therapie, Pädagogik und Systemtheorie als wichtige Bestandteile enthalten sind, können hier einen Beitrag zur Verständigung leisten, da sie ganzheitlich ansetzen. Diese Methoden vermitteln ausdrücklich Inhalts- und Beziehungsebenen und verleihen ihnen spielerisch Gestalt. Laut Gerstenmaier und Mandl zeigen sich im Rahmen der betrieblichen Weiterbildung positive Auswirkungen auf das Lernen Erwachsener, wenn diese mit bedeutsamen Themen selbstgesteuert und kollaborierend umgehen (Gerstenmaier, J. & Mandl, H., 2011). Agiles Handeln befördert so auch agiles Lernen.

Arbeit und Training mit diesen Methoden ist auch immer intensive Teamarbeit und schärft die Wahrnehmung für Impulse des Arbeitspartners und die Wirkung der eigenen Impulse auf andere. Die Sinne für Fremd- und Selbstwirksamkeit werden gestärkt. Dies gilt nicht nur intern im Team bzw. im Unternehmen, sondern in gleicher Weise für die Außenbeziehungen zu Lieferanten und insbesondere zu den Kunden. Dadurch klären sich schnell Missverständnisse und die gegenseitige Akzeptanz erhöht sich. Das sind Voraussetzungen für langfristige vertrauensvolle Beziehungen. Und nur diese sind auf Dauer erfolgreich. Ein sensibel austariertes Training kann helfen, den ersten Schritt in eine agile Veränderungskultur zu setzen.

Agilität ist eine angeborene anthropologische Konstante, so Hausmann, es ist eine Handlungsweise, die wir alle kennen. Wenn wir nicht wissen, wie wir etwas machen sollen, dann bewegen wir uns schrittweise. Und verbessern uns ebenso kleinschrittig. Hausmann erkennt darin eine frohe Botschaft, die besagt: „Du kannst es lernen, du kannst dich verbessern" (Hausmann im Interview, S. 151).

> Agilität ist etwas für alle, aber sicherlich nicht in jedem Fall etwas für jeden.
> Prof. Dr. Christopher Hausmann (vgl. Agilität in der Praxis – Expertengespräche)

Fallbeispiel
Um eine agile Handlungsweise zu erfahren und somit den Ausbau agiler Kompetenzen zu befördern, sind ebensolche handlungsorientierten Methoden sinnvoll, die ein Lernen auf Gruppenebene ermöglichen.

Ein kreativer Prozess setzt voraus, dass Fehler erlaubt sind. Diese Fehlertoleranz ermöglicht ein experimentieren auf Probe, in dem es kein Richtig oder Falsch geben kann.

Hierbei ist der erste Schritt, das eigene Handeln anzunehmen und in einem zweiten Schritt Scheitern auch als Möglichkeit zu sehen und damit umzugehen.

Bereits zu Beginn des Workshops wird ein für die Teilnehmer bedeutsames Thema aus dem Arbeitskontext benannt. Diese herausfordernde kommunikative Situation wird wiederholt mit neuen Impulsen und auf Basis von Rückmeldungen dargestellt. Man nähert sich so Schritt für Schritt einer Verbesserung der Ausgangssituation. Hierbei wird ein agiles Handeln benötigt, das sich ebenso schrittweise den Teilnehmern zeigt.

Lernen wird hier zur ganzheitlichen Erfahrung, die sich langfristig in der Fähigkeit entwickelt, größere Mengen komplexer – und auch widersprüchlicher – Informationen intuitiv zu bewerten und schnell zu handeln, ohne die „Überaufgabe" (Stanislawski), das Unternehmensziel, aus den Augen zu verlieren.

Die Fähigkeit von Teams und größeren Gruppen zu agiler Selbstorganisation zeigt sich in der Improvisation, im Ausprobieren und Suchen. Hier werden das Learning by Doing und die Methoden des Trial and Error in der Prozesssteuerung eingesetzt. Die Herausforderung in Veränderungsprozessen besteht nun im Wesentlichen darin, die in ihnen enthaltene Emergenz (das Ergebnis ist mehr als die Summe seiner Teile) und Kontingenz (die grundsätzliche Offenheit menschlichen Wirkens) zu bewältigen und abzuschätzen, in welchen Zusammenhängen und Projektkonstellationen agiles Management zielführend ist oder nicht.

„Für den Mitarbeiter wird es immer wichtiger sein, selbstverantwortlich und auch selbstorganisiert zu handeln, zu kommunizieren. Das wiederum wird durch ein vertrauensvolles Umfeld ermöglicht, das eine Fehlerkultur lebt und so mutiges Handeln fördert" (vgl. Seemüller, Agilität in der Praxis – Expertengespräche).

Veränderungen begrüßen – Die Anforderungsänderung als Chance einer Produktüberarbeitung

Ziel der Weiterarbeit ist, die situative Entwicklung neuen Anforderungen anzupassen. Darüber hinaus wird das Loslassen als agiles Handlungsprinzip kennengelernt. Im Rahmen von Veränderungsprozessen gilt es, die rationale wie auch die emotionale Seite der Menschen zu berücksichtigen. Zu erkennen, dass Widerstand auch Ausdruck von Angst, z. B. vor Kontrollverlust, ist.

Die neue Anforderung lautet, die Szene durch musikalische Elemente so zu überarbeiten, dass die Emotionen, neben den rationalen Anteilen, deutlicher zum Ausdruck kommen. Hierzu wird die Musik als bekanntes Element und als Verstärkung genutzt, weil Menschen weltweit durch Musik auch auf der emotionalen Ebene gut anzusprechen sind.

Methode

1. Emotionen in den Teams benennen
2. Emotionen im Spiel „zeigen" über Mimik, Gestik, Körperhaltung, Stimme, Ton
3. Musik auswählen, die die Emotionen in den Szenen verstärkt
4. Präsentation

In einem ersten Schritt werden die Emotionen in der Szene isoliert betrachtet. Wie zeigen sich Mimik, Gestik, Körperhaltung, stimmliche Merkmale? Die Emotionen werden überzeichnet und in einer neuerlichen Präsentation der Szene auf ihre Aussage hin betrachtet. Hierbei werden diese durch die Zuschauer benannt. Nach erfolgter Rückmeldung wird eine entsprechende Musik ausgewählt. Die Szene wird nun mit Musik erneut präsentiert und auf ihre Wirkung hin untersucht.

Es wird reflektiert, wie sich die Szene durch das neue Element Musik verändert hat und wie diese Veränderung durch alle, rational wie emotional, akzeptiert werden konnte.

Fragen: Was hat sich verändert? Was wurde losgelassen? Was war die Herausforderung?

Die Veränderung als Wert für die Weiterentwicklung einer Situation zu sehen, ist notwendig im agilen Handeln.

Kanban-Board

Noch zu erledigen	In Bearbeitung	Erledigt
		Iteration
		Inkrement
		Einfachheit
	Veränderung	
Review		
Retrospektive		
Selbstorganisierte Teams		
Kooperation mit Experten		

Agile Praktiken

Die folgend beschriebenen Übungen trainieren die Kompetenzen Mut und Entscheidungsfähigkeit, die für Prozesse der Veränderung hilfreich sind.

Mut zeigt sich im proaktiven und situativen Handeln, das sich einer Herausforderung stellt, um diese zu lösen.

Entscheidungsfähigkeit erfordert bewusste Entscheidungen, die durch die eigene Haltung hervorgebracht werden.

Mentale Aufwärm- und Einstiegsübung

Fuchs und Eichhörnchen

Alle bilden einen Kreis. In diesem rotieren 2 Bälle (Füchse), die nur direkt an die Nachbarn weitergereicht werden dürfen. Sie sind gierig auf das Eichhörnchen, welches ein kleiner Ball ist, der auch quer durch den Raum geworfen werden darf. Das Eichhörnchen ist erlegt, wenn es von einem Fuchsball berührt wird. Jeder Akteur wechselt spontan die Rollen Jäger und Gejagter.

  Variation: Die Bälle können durch entsprechende Stofftiere ersetzt werden. ◄

Schwerpunkt Mut

Blind führen mit Kontakt

Es werden Paare gebildet. Eine Person verbindet sich die Augen, die andere ist Blindenführer und führt ihren Partner auf unterschiedliche Weise durch den Raum oder die Landschaft, z. B.

- nur Kontakt an der Spitze der Zeigefinger,
- nur Kontakt mit den Handflächen einer Hand,
- nur per verbaler Steuerung,
- nur durch Antippen an linke bzw. rechte Schulter für nach links bzw. rechts drehen,
- Kontakt am Rücken für geradeaus gehen, kein Kontakt heißt: stillstehen
- usw.

Variation: Parcours mit Hindernissen aufbauen, z. B. über Stühle, unter Tischen hindurch, im Freien durch einen Park.

Leiche tragen

Eine Person legt sich auf den Boden auf den Rücken und macht sich ganz steif: Sie ist die Leiche. Die anderen heben sie alle zusammen vorsichtig hoch bis über ihre Köpfe und tragen die Person einmal durch den ganzen Raum. Die Leichenträger können bei ihrer Wanderung einen „tragenden" Gesang anstimmen.

Variation: Die Leiche ist noch ganz entspannt. Äußerste Vorsicht ist beim Anheben und Tragen des Kopfes geboten.

Unnormales Tun

Jede Person überlegt sich, vor der Gruppe etwas zu tun, was man normalerweise in diesem Setting nicht tut. ◄

Schwerpunkt Entscheidungsfähigkeit

Ja und?

Eine Person beginnt eine kleine Geschichte zu erzählen.

Nach jedem Satz sagt die umstehende Gruppe neugierig fordernd: „Ja und?"

Es wird eine Erzählsituation geschaffen (Erzähler und Publikum), die den Erzähler inspiriert (auch unter Druck setzt), intuitiv seine Geschichte voranzutreiben und nicht zu lange nachzudenken, um nach vermeintlich „originellen" Lösungen zu suchen.

Gegensatzpaare bilden

Der Anleitende fordert eine Person auf, zu einem Begriff den Gegensatz zu benennen, und beginnt mit Begriffen, zu denen man sehr klar den Gegensatz benennen kann, z. B. sagt er „heiß" und die andere Person muss „kalt" sagen; oder „groß", das Pendant lautet dann „klein". Nach einigen klaren Gegensätzen nennt die anleitende Person Begriffe, zu denen es keine klaren Gegensätze gibt, sodass man einen Gegensatz assoziieren muss, z. B. könnten Pinsel (eine „konträre"

Assoziation könnte „Farbe" oder „Leinwand" sein. Bei dem Begriff „Frosch" könnte die Assoziation eines Gegensatzes z. B. „Storch" oder „Prinz" sein).

Es gibt dabei kein Richtig oder Falsch, sondern allenfalls assoziative und kreative Verbindungen, über die man sich dann im Gespräch austauscht.

Autor schreibt

Ein Autor sitzt an einer imaginierten Schreibmaschine und schreibt einen Roman (Genre kann vorgegeben werden, z. B. Krimi, Liebesgeschichte o. Ä.).

Die Darstellenden sitzen am Bühnenrand und wenn eine Figur oder ein Kulissenteil oder ein Requisit verlangt wird, springen sie auf und übernehmen diese „Rolle" in der Geschichte und spielen sofort.

Tipp: Der Autor soll zunächst nur wenige Figuren erfinden und diese Figuren viel reden lassen. Selbstverständlich muss er ständig Regieanweisungen geben und Subtexte (Gefühle, Gedanken) erfinden, um seine Figuren lebendig werden zu lassen. ◄

▶ Eine wichtige Erfahrungsquelle ist die Beobachtung von Kindern beim Spielen. Sie zeigen in ganz natürlicher Weise, wie unverkrampft sie mit ständigen Veränderungen im freien Spiel umgehen können. Quasi en passant erfährt man so die Welt mit Kinderaugen und schenkt dem eigenen inneren Kind Beachtung.

Fazit

Ein sich kontinuierliches Anpassen an die ständigen Veränderungen der Umwelt kann nicht gedankenlos geschehen. Bei schnellen Entscheidungen greift der Mensch auf vorab zustande gekommene Musterlösungen zurück. Je nach Qualität dieser Musterlösungen bemisst sich auch die Qualität der spontan ergriffenen Handlungen. Sie bleiben entweder im Urteilsraum der eindimensionalen Vorurteile, gespeist aus unreflektierten Gefühlen und Trieben, zumeist Angst, oder sie werden genährt aus einem längeren Prozess lebendigen Lernens auf der Basis eines reichen und reflektierten Erfahrungsschatzes. Die auf der Basis des zuletzt genannten Erfahrungsraumes gemachten spontanen Handlungen lassen sich im Nachhinein dann auch immer reflektiert und differenziert begründen. Die Schlussfolgerung dieser Erkenntnis führt zu dem Fazit, wie es der bekannte Theaterpraktiker Stanislawski formulierte, dass es im Leben und natürlich demnach auch für Schauspieler grundlegend sei, die Welt in lebendiger Weise zu erfahren, also möglichst viele Erfahrungen zu machen, aus denen sich viele Musterlösungen generieren lassen.

> Wahnsinn ist, immer wieder das Gleiche zu tun und andere Ergebnisse zu erwarten.
> Albert Einstein

Prinzip 5 – Auf die positiven Entwicklungen schauen

Die stetige und schrittweise Rückmeldung in agilen Prozessen führt zu einer Verbesserung des Produkts. Die sogenannten Reviews werden im Allgemeinen am Ende einer Iteration durchgeführt. Der Arbeitsprozess wird hier mit Blick auf das Produkt beurteilt (vgl. auch Prinzip 6). Das verbesserte Produkt wird dem Kunden und weiteren Beteiligten (intern und extern) zur Begutachtung vorgelegt (Rubin 2014, S. 406). Kundenorientierung bedeutet hier, in den Dialog zu treten. Ein Dialog, der sich mit dem Einlassen auf das Gegenüber entwickelt und veränderte Anforderungen wahrnehmbar macht (vgl. Prinzip 3). Die Wahrnehmung wird sichtbar über ein „echtes Sehen", das das Gegenüber in seinem Denken und Fühlen aufnimmt (Stanislawski 1988, S. 223).

Das Kundenfeedback spielt eine vergleichbar bedeutsame Rolle wie die Expertenbeurteilung (vgl. Prinzip 8) auf der Suche nach der bestmöglichen Lösung (Wecht 2006, S. 87).

Sich mitzuteilen ist Natur, Mitgeteiltes aufzunehmen, wie es gegeben wird, ist Bildung.
  Johann Wolfgang von Goethe

Die notwendigen Handlungen umzusetzen bedeutet:

- den Fokus auf den Kunden, den Menschen, und seine Bedürfnisse zu setzen,
- gemeinsam das Produkt immer besser zu machen,
- verantwortliche Entscheidungen zu treffen,
- eine gelingende Kommunikation mit Kunde und Team zu führen,
- das nächste Ziel, den nächsten Schritt, die nächste Iteration, zu definieren.

Die Impulse der Kunden als Möglichkeit einer neuen Entwicklung zu erkennen, erfordert den entsprechenden Umgang mit Feedback. Feedback ermöglicht das bewusste Nachdenken über die eigenen Handlungen und über die neu formulierten Erwartungen. Feedback sollte somit zwangsläufig zur Reflexion führen.

Das Review steht für einen kontinuierlichen Anpassungsprozess, dem die Reflexion immanent ist. So gelingt ein Perspektivwechsel, der die Wahrscheinlichkeit erhöht, dass auftretende Probleme schnell erkannt und Lösungen gefunden werden. Ein agiler Wert priorisiert den Menschen und seine Interaktionen (Beck et al. 2001, Teil I).

Dieser Anspruch bewegt sich außerhalb von Verhaltensroutinen. Hier werden Präferenzen Einzelner sichtbar. Wie motiviert ist der Mensch, bei Veränderungen mitzugehen? Welche individuellen Absichten sind hier spürbar? Welche Ängste zeigen sich?

Im beruflichen Kontext werden Herausforderungen nach ihren Ursachen unterschieden: Werden motivationale Herausforderungen sichtbar oder sind die Fähigkeiten des Einzelnen eingeschränkt? Hierbei wird vorausgesetzt, dass der Mensch im Grundsatz handeln darf.

Volition unterstützt darin, internale, motivationsbedingte, Handlungsbarrieren zu lösen. Der Wille zur Umsetzung ist notwendig, um überhaupt erst in Handlung zu gelangen.

In einer empirischen Studie mit Fach- und Führungskräften identifiziert Pelz (2017, vgl. Teil I, 17) 5 grundlegende Fähigkeiten, die für Volition stehen. Die Sinnhaftigkeit des eigenen Tuns und eine optimistische und empathische Grundhaltung werden ebenfalls als Erfolg versprechend identifiziert. Eine optimistische Grundhaltung erleichtert das Loslassen von Vertrautem und das Einlassen auf Neues. Von besonderer Bedeutung für erfolgreiches Handeln zeigen sich hier die Teilkompetenzen Priorisierung und Fokussierung sowie Selbstvertrauen und Durchsetzungsstärke.

Erfolg setzt in der Regel eine klare Zielformulierung voraus. Mit der Bedingung eines sinnhaften Handelns stellt sich die Frage nach der Effektivität, in der Bedeutung, die richtigen Dinge zu tun. Ob diese Umsetzung funktioniert oder nicht, wird dann auch im Rahmen von Reviews sichtbar. Hier zeigt sich der Wirkungsgrad.

Externale, fähigkeitsbedingte, Handlungsbarrieren werden durch Problemlösekompetenz kompensiert (Heckhausen und Heckhausen 2018, S. 602 f). Darunter verstehen wir Kreativität, Entscheidungskompetenz sowie kommunikative und soziale Kompetenzen.

Neben einer Umsetzungs- und Problemlösekompetenz ist noch ein weiterer Aspekt von Bedeutung: Auch wenn die Zufriedenheit des Kunden oberste Priorität hat, geht es nicht darum, alle Änderungswünsche unmittelbar, unreflektiert, aufzunehmen und das Produkt entsprechend zu verändern. In der Überprüfung der Rückmeldungen auf eine realistische Umsetzbarkeit ist es notwendig, dass der Kunde versteht, welche Folgen diese Änderungen nach sich ziehen.

Im Projektmanagement werden als Kunden interessierte Parteien, auch Projektstakeholder, identifiziert (Motzel und Möller 2017, S. 116). Stakeholder stellen „die Gesamtheit all derer dar, die am Projekt beteiligt, von ihm direkt oder indirekt betroffen oder in irgendeiner Weise an ihm interessiert sind" (ebd., S. 262). Konkret stellt sich die Frage, wessen Rückmeldung zum Produkt entscheidend ist.

Der Kunde beauftragt und bezahlt das Produkt, das im Team entwickelt wird. Der Prozessablauf kann als Lernprozess gesehen werden, in dem eine fachlich-methodische Kompetenz benötigt wird. Die Menschen, die an einer Lösung der Probleme arbeiten, handeln geistig und physisch selbstorganisiert (Erpenbeck et al. 2017, S. 15).

Herausforderungen im eigenen situativen Handeln nachzuvollziehen und zu lösen, erfordert ein Verstehen (Piaget 1974; zitiert nach Glasersfeld 2018, S. 179). Eine Reflexion des eigenen Handelns ist Voraussetzung für Verstehen. Hierbei zeichnet sich laut Glasersfeld das Individuum „in der Verantwortung für alles Tun und Denken" in einer Welt der Erfahrungen aus (Glasersfeld 2018, S. 51).

Die Reflexion des Prozesses nutzt dem Einzelnen und dem Produkt. Das Produkt, materiell oder immateriell, ist hier sehr frei definiert und somit übertragbar auf alle Situationen, in denen es um eine Verbesserung auf dem Weg zum Ziel geht. Im Verbinden neuer Informationen mit bereits vorhandenem Wissen wird durch die Reflexion Vorwissen bewusst gemacht und so in Verbindung mit den neuen Inhalten wiederum neu organisiert und strukturiert (Henninger und Mandl 2000, S. 204). Diese Erkenntnis über das Lernen bzw. einen Lernerfolg wurde bereits im Jahr 1925 durch J. Dewey formuliert. Das erfahrungsbasierte Lernen sieht das Individuum gleichermaßen als Mitglied sozialer Gruppen (1925/1981; zitiert nach Mandl und Gerstenmaier 2011, S. 170).

Das Vertrauen in die Menschen und deren Leistung unterstützt diesen Prozess. Das gilt sowohl für die Seite des Kunden als auch für die Mitarbeiter eines agilen Teams im Sinne einer gemeinsamen Verantwortung.

Fallbeispiel
In der Aneignung von Kompetenzen bezieht sich der Workshop auf bestehende und somit authentische Problemstellungen, welche in der Bearbeitung von Herausforderungen Perspektivwechsel erlauben und Kommunikation und Reflexion anregen (Wildt 2003).

Zur Beurteilung des bisherigen Produkts, dem erlebten Workshop, nimmt die Gruppe einen Standort im Raum ein. Die Reflexionsmethode „Standogramm" macht über Fragen zum Prozess Gelingensbedingungen und Bedarfe sichtbar, die im Anschluss verbalisiert wiederum Einfluss auf das Produkt nehmen (Friebe 2010, S. 120 f.).

Die Rollenvielfalt als Entwickler, Spieler und Zuschauer ermöglicht Perspektivwechsel und macht die Beurteilung des Produkts aus mehreren Blickwinkeln möglich. Perspektivwechsel lassen Situationen neu und auch ungewohnt wahrnehmen. Für das Gemeinschaftswerk bedeutet das, sich selbst und die anderen zu sehen und so „den Zwischenraum" als verbindendes Element zu begreifen (Stollsteiner 2008, S. 53). So geht es in dem Bewegen in Unsicherheit darum, die eigene Handlungsfähigkeit einschätzen zu können.

Die individuelle und kollektive Erfahrung wird reflektiert. Die visualisierten Erkenntnisse werden in die nächsten Planungen übernommen.

Neue Bedarfe werden für die Anforderung des Projektziels berücksichtigt. Projektziel meint für diesen Fall die finale Präsentation der szenischen Entwicklung, die durch die Qualität der Weiterarbeit gekennzeichnet ist.

Methoden

1. **Standogramm als Reflexionsform umsetzen**
   Standogramm ist eine Methode, die über einen gewählten Standort den Standpunkt zu einer Frage visualisiert. Hierbei wird der Fokus von der verbalisierten Reflexion auf die Reflexion in Bewegung gelenkt (Friebe 2010, S. 120 f.)
   Die ersten Schritte im Workshop werden mit Blick auf die eigenen Bedürfnisse thematisiert.
   Folgende Fragen dienen als Ausgangspunkt der Zuordnung:
   - Hat der Workshop mich bis dato gelockert oder verkrampft?
   - Fühle ich mich ermutigt oder entmutigt?
   - Hat das Training meine Kreativität gefördert oder gehemmt?
2. **Verbalisieren des Standogramms und Ausblick**
   - Möchten Sie ein Beispiel nennen?
   - Was brauchen Sie, um den nächsten Schritt zu gehen?

Kanban-Board

Noch zu erledigen	In Bearbeitung	Erledigt
		Iteration
		Inkrement
		Einfachheit
		Veränderung
	Review	
Retrospektive		
Selbstorganisierte Teams		
Kooperation mit Experten		

Agile Praktiken

Im Austausch mit dem Kunden werden die Kompetenzen Problemlösefähigkeit und Moderationsfähigkeit relevant.

Problemlösefähigkeit heißt, Herausforderungen zu erkennen und mit den entsprechenden Mitteln, einem adäquaten Handeln, zu beseitigen.

Moderationsfähigkeit zeigt sich hier im Umgang mit Feedback und in der Steuerung der Kommunikation. Mit Blick auf das Ziel werden verschiedene Techniken zur Gestaltung von Meetings verwendet.

Interaktive Aufwärm- und Einstiegsübung

Befindlichkeiten

Zwei Akteure setzen eine Situation um, in der sie mit 2 gegensätzlichen Gefühlen spielen. Der 1. Akteur setzt eine vorgegebene Situation um, der 2. Akteur kommt hinzu und setzt das komplementäre Gefühl um. Nach 2 Minuten werden die beiden ausgewechselt, ein neues Gefühl wird vergeben. ◄

Schwerpunkt Problemlösefähigkeit

Spielkarten

Ein vom Trainer vorgefertigter Stapel Karten wird auf einen Tisch gelegt. Auf den Karten stehen jeweils andere Sprechsätze, Leerkarten sind Joker.

Zwei Akteure spielen eine Stegreifszene. Im Laufe des Spielens nehmen sie immer wieder Karten von dem Stapel und lesen diese Sprechsätze vor. Bei einem Joker darf sich der Akteur einen beliebigen Satz ausdenken.

Das Publikum kann durch laute Ja!- oder Buh!-Rufe als Richter eingesetzt werden, ob der jeweilige Satz des Spielers sinnvoll in die Szene passt.

Zwei Ereignisse zusammenbringen

Es werden Paare gebildet.

Eine Person erfindet 2 Ereignisse, Vorgänge oder Handlungen, die nichts miteinander zu tun haben, z. B.: „Der graue Vogel streifte den jungen Busch" und „Der Feuerwehrmann kam zu spät zu dem bereits erloschenen Brandherd".

Der Partner bringt die beiden Ereignisse irgendwie erzählerisch nachvollziehbar miteinander in Verbindung, z. B.: „Nachdem die Feuerwehr ihren Standort vor die Stadt auf ein völlig unbebautes Grundstück verlegt hatte, entwickelten sich die Feuerwehrleute in ihrer Warte- und Freizeit zu regelrechten Gärtnern, Kleinlandwirten und Naturbeobachtern und gestalteten die Fläche um das Spritzenhaus zu einer wahren Naturidylle. So kam es, dass der wachhabende Feuerwehrmann das Alarmsignal überhörte, weil er so vertieft war in die Beobachtung des grauen Vogels, der den jungen Busch streifte. Der Feuerwehrmann kam zu spät zu dem bereits erloschenen Brandherd."

Variation: 3 Ereignisse miteinander verbinden.

Störungen

Eine Situation wird durch 2 Akteure umgesetzt. Vorgaben sind hierbei Ort und Thema. Plötzlich betritt ein 3. Akteur die Bühne und bringt ein gänzlich neues Thema mit oder verändert den Ort der Handlung. Die Akteure müssen nun versuchen, die neue Situation so gut wie möglich zu integrieren. ◄

Schwerpunkt Moderationsfähigkeit

Diskussion moderieren

Zwei Personen diskutieren gegensätzliche Positionen, z. B. Diät ist sinnvoll bzw. nicht sinnvoll. Eine Person soll das Gespräch moderieren.

Die anleitende Person gibt den Diskutanten vor, auf die Ansage „Stufe 1" sehr höflich die Argumente auszutauschen. Die Ansage „Stufe 2" bedeutet für die Diskutierenden, nun den anderen überzeugen zu wollen. Auf „Stufe 3" müssen die Diskutierenden mit allen erdenklichen Mitteln, außer körperlicher Gewalt, Recht behalten wollen mit ihrer jeweiligen Position und als Sieger aus der Diskussion hervorgehen.

Zwei Standbilder moderieren

Zwei Kleigruppen stehen in Opposition und bilden gegensätzliche Standbilder.

Eine Person kommt hinzu und moderiert die Aussagen der Standbilder.
Stückinszenierung
Die Gruppe wird in Akteure und Zuschauer aufgeteilt. Die Akteure erhalten Rollenkarten. Nun wird ein Stück vorgelesen, das parallel durch Akteure und Zuschauer umgesetzt wird. Das Stück fordert zur Handlung auf und wird thematisch an den Prozess angelehnt ◄

▶ Umsetzungskompetenz kann über eine kontinuierliche Veränderung von Gewohnheiten erarbeitet werden (Pelz ‚W., 2017). „Was man zur Effektivität braucht, ist eine durch Übung gewonnene Kompetenz", so der US-amerikanische Ökonom Peter Drucker.

Der Entschluss, immer etwas besser machen zu wollen, unterstützt diesen Effekt. Das ist der erste Schritt: Die Entscheidung. Diese geht einher mit einer Priorisierung. Es geht nicht um den maximalen Aufwand oder den größtmöglichen Einsatz. Es geht um das Handeln. Je klarer wir uns in der eigenen Vorgehensweise sind, umso mehr können wir die Bedürfnisse eines Gegenübers anerkennen und aufgreifen. Und je mehr Fähigkeiten wir entwickeln, umso eher steigern wir auch unsere positiven Energien, die im privaten wie beruflichen Kontext nützlich und Erfolg versprechend sind.

Setzen Sie auf Klarheit, jeden Tag:

- Formulieren Sie smarte Ziele, die eine für Sie sinnhafte Tätigkeit erfordern (vgl. Abschnitt Workshop)
- Formulieren Sie Aufgaben positiv. „Die Umsetzung dieser Aufgabe ermöglicht mir …"
- Handeln Sie lösungsorientiert. Welche Herausforderung stellt sich? Welche erste Lösung kommt in Betracht?
- Loben Sie sich selbst. Jeden Tag. Was ist Ihnen gelungen? Welche Ihrer Stärken wurde hier sichtbar?

Fazit
Handlungsorientierte Übungen unterstützen die Entwicklung von Kompetenzen, die zur Umsetzung und Problemlösung besonders geeignet sind.

Ein lebens- und arbeitsweltorientierter Ansatz zeigt sich als besonders wirkungsvoll, auch mit Blick auf den Transfer. Reflexion unterstützt hierbei eine gelingende Übertragung in das gewünschte Setting und fördert darüber hinaus die Kommunikationsfähigkeit, als Basis eines funktionierenden Rückblicks.

Neben einer nötigen Selbstsicherheit sollte gleichermaßen Selbstkritik Bestandteil einer inneren Haltung und zwangsläufig auch der Unternehmenskultur sein. Für die Haltung einer Führungskraft bedeutet das, immer zu wissen, „wann Sie in den Spiegel schauen müssen und wann Sie durch das Fenster schauen können" (Seemüller, Hilti AG, 2019).

Prinzip 6 – Zurückschauen und beurteilen

Eine agile Haltung unterstützt in gleicher Weise eine kontinuierliche Verbesserung der Produktqualität und die Produktivität eines Teams.

Das Prinzip „Retrospektiven" erfordert an diesem Punkt eine Teamreflexion der Zusammenarbeit im gemeinsamen Prozess unter Einbeziehung der Stärken der Beteiligten und durch das Loslassen von Vertrautem. Hilfreich in den wiederholten Phasen der Prozessanalyse ist der distanzierte Blick von außen auf den Gesamtprozess mit seinen vielen Einflussgrößen. Dieser analytische Blick unterstützt dann in besonderer Weise das Teamwork, wenn er nicht nur die realen Abläufe fokussiert. Beim Blick auf die tatsächlichen Arbeitsabläufe und die Zusammenarbeit schleicht sich häufig die allseits bekannte Betriebsblindheit in die Betrachtung. Deshalb ist es hilfreich, eine zweite Perspektive zu suchen, die das Geschehen und die Abläufe in einen fremden und ungewohnten Zusammenhang stellt, z. B. in verfremdeten Inszenierungen oder auch in Simulationen.

Man gewinnt immer, wenn man erfährt, was andere von uns denken.
    Johann Wolfgang von Goethe

„Never change a running system!" – aber nicht immer.

Hat ein Prozess in der Vergangenheit funktioniert, dann versucht menschliches Bestreben das, was gut geht, beizubehalten. Es verdichtet sich zum Dogma in dem vielerorts gern zitierten Satz „Never change a running system!". Dass gut organisierte Prozesse sehr lange funktionieren können, ist unbestritten. Dass diese in simplen Settings greifen, zeigt die Praxis. Es gibt unzählige Belege für erfolgreiche Unternehmen, die ausschließlich mit dieser Haltung sehr lange erfolgreich waren. Aber auch und gerade Unternehmen, die sehr agil und flexibel Veränderungen ihres Umfeldes wie allgemeine Wirtschaftslage, politische Vorgaben, Umweltveränderungen und allen voran Kundenwünsche aufgegriffen und ihre Prozesse entsprechend angepasst haben, waren und sind erfolgreich. Es gleicht nur auf den ersten Blick der Quadratur des Kreises, zwischen diesen beiden Polen den goldenen Mittelweg zu finden. Sicherlich erfordert es in beiden Fällen eine hohe Achtsamkeit gegenüber dem Umfeld, um sehr frühzeitig Einflussfaktoren zu identifizieren, die Änderungen zwingend notwendig machen. Und es erfordert vor Prozessbeginn eine Einschätzung der Herausforderungen. Diese Kompetenz setzt aber auch voraus, dass Unternehmen Rahmenbedingungen für hybrides Handeln schaffen, erhalten und befördern. „Auf eine Formel gebracht: Alte Kultur plus agil = hybrid. […] Der Zug der Zeit ist die Hybridität. Es stellt sich die unternehmerische Frage, bis zu welchem Grad ich Agilität in die Kultur einbauen kann" (vgl. Hausmann, Agilität in der Praxis – Expertengespräche).

Unterschieden werden muss in dieser Betrachtung auch zwischen Konzernen und kleinen Familienunternehmen, deren Personen weniger austauschbar und deren Prozesse eher variabel sind (Simon 2018, S. 81). Darüber hinaus differieren Organisationen in ihren Informations- und Kommunikationsprozessen.

Unternehmen in Linie mit klaren Hierarchien und Verantwortungsebenen, in denen man Prozesse top-down anordnet, werden einer sich schnell wandelnden Umwelt zunehmend nicht mehr gerecht. „Die da oben", das Management, wissen oft nicht, was „die da unten" machen. Diese haben zu gehorchen, sind lediglich ausführende Organe. Präskriptive Regeln, meint Gebote und Verbote, definieren den Spielraum der Handlungen in Organisationen (Simon 2018, S. 51). Denn in der Komplexität verliert sich der Überblick. Dem Entscheider fehlt die Entscheidungskompetenz. Umgekehrt wissen nur „die da unten" für ihren Bereich wirklich und genau, wo es hakt, wenn es hakt. Es findet keine gemeinsame Prozessanalyse statt, keine offene Kommunikation. Prozesse werden im Vorfeld schon ohne Einbezug der Ausführenden geplant.

Diese Handlungsweisen im Innen und Außen können durch idealtypische Entwicklungsmuster beschrieben werden. Die formale Struktur der Organisation bildet die Grundlage der Entscheidungen, die wiederum zu Handlungen führen (Simon 2018, S. 72). Welche Kriterien der Organisation zugrunde liegen und welche Prozesse so stattfinden, ist auch abhängig von den relevanten Umwelten, die konstant oder im stetigen Wandel begriffen sind (Simon 2018, S. 82). An diesem Punkt wird der Führungsstil bedeutsam, der sich auch nach dem Reifegrad der Organisation ausrichtet. Die sogenannten Reifegrade zeigen Kriterien auf, die wiederum Einfluss auf den einzelnen Mitarbeiter haben (Becker 2011, S. 11).

Hierzu zählen Unternehmensphilosophie und Menschenbild, Strategien und Ziele, Strukturen, Kommunikationsprozesse, Entscheidung und Kontrolle sowie motivationale Aspekte. Bedingungen, die den Wandel gestaltbarer machen.

Es geht darum Handlungsweisen zu finden, im Sinne einer „Nützlichkeit zum Zweck des Überlebens" (Simon 2017, S. 77).

Was es braucht, ist ein Management, das sich an Werten orientiert und, um mit Kant zu sprechen, das Unbeständige als das Beständige begreift.

Prozesssimulationen, sogenannte Piloten, stellen die eingefahrenen Prozesse in Unternehmen auf den Prüfstand. Dabei spielen beteiligte Personen in ihren Arbeitsrollen Lieferketten und Prozessabläufe durch. Diese werden durch einfache Plakate und Pappkartons sichtbar gemacht. Beobachter untersuchen die Abläufe in fremden Rollen, z. B. aus der Sicht der Konkurrenz (macht alles madig), aus der Sicht der Firmenleitung (beschönigt alles), der Sicht des Kunden (äußern ihre Wünsche), des Controllings (rechnet nur mit Zahlen), des Betriebspsychologen und des Betriebsarztes usw. Die Nachbildung eines Teiles einer Prozesskette in einer Großgruppenveranstaltung mit allen Beteiligten zeigt – hier beispielhaft den Beschäftigten eines international aufgestellten Automobilherstellers –, welche Probleme den Prozess im Ablauf zwischen Konstrukteur und Werkzeugmacher behindern können. Variante: Ein echter Kunde im Simulationsprozess bringt von der Bestellung bis zur Auslieferung der Ware direkt seine Wünsche ein. Dies zeigt z. B., dass in manchen Phasen des Prozesses weniger der Kundenwunsch als die Freude der IT-Entwicklern an den überbordend vielen Möglichkeiten ihres Teilproduktes im Fokus steht und sich in der Simulation so als abträglich für den Kunden erweist. Ein Beispiel, das zur Reflexion des Teams in Bezug auf Werte und Prinzipien im agilen Handeln betrachtet werden kann (weitere Beispiele aus der Praxis vgl. Dittrich-Brauner et al. 2008, S. 247).

Für eine gelungene Prozessanalyse können 3 wesentliche Faktoren identifiziert werden: die Beteiligung der direkt Betroffenen sowie deren Motivation und Identifikation mit dem Unternehmen (vgl. Doppler und Lauterburg 2019, S. 192).

Doppler isoliert in diesem Szenario 4 Faktoren, die Unternehmen berücksichtigen, um erfolgreich zu sein. Zunächst ist bedeutsam, dass sich die Erkenntnis durchsetzt, dass viele Menschen in einem zunehmend instabileren Umfeld leben. Sie müssen lernen, dass es keine lebenslang gültigen Paradigmen mehr gibt und sie deshalb selbst mehr Verantwortung übernehmen müssen. Das bezieht sich auch auf das berufliche Umfeld, in dem jeder aufgefordert ist, sich aktiv bei der Prozessgestaltung und -analyse einzubringen. Dafür müssen alle Beteiligten ihre Fähigkeit zur Reflexion „im Hinblick auf alles, was in [ihrem] Umfeld geschieht" ausbauen (Doppler 2011, S. 7). Dass diese Forderung in ihrer Reichweite den Großteil von Mitarbeitern nicht nur überfordert, sondern auch häufig nicht deren Wunschvorstellung von beruflicher Arbeit entspricht, ist evident. Die persönliche Erfahrung in der Arbeit zeigt, dass die Menschen über Ressourcen, Anlagen und Potenzial verfügen, von denen sie selbst oft nichts wissen.

Es ist die Kunst der Pädagogik, diese Potenziale sichtbar zu machen und die Menschen dabei bestmöglichst zu unterstützen, diese zu erkennen und in optimaler Weise zu entwickeln.

Prinzip 6 – Zurückschauen und beurteilen

Hierbei wird gleichermaßen das „Ich" als auch das „Wir" für die Betrachtung bedeutsam (Cohn 2016, S. 114). Als besonders bereichernd für die Praxis wird das Integrieren der Fähigkeiten jedes Teammitglieds in einen gemeinsamen Prozess gesehen.

Eine Retrospektive ist Erfolgs- und Lernkontrolle gleichermaßen und verweist in die Zukunft. Geht es darum, die „lessons learned" auszumachen, so gilt es, die Kriterien der Überprüfung exakt zu formulieren. Ging es im vorherigen Abschnitt „Prinzip 5 – Auf die positiven Entwicklungen schauen" um die Reflexion des Prozesses auf der Ebene des Produktes, des „Was", wird in dieser Retrospektive das „Wie" betrachtet. Dieses erstreckt sich auf die Ebenen des Unternehmens, der Abteilung, des Teams. Hier steht nun exemplarisch die Teamebene auf dem Prüfstand. Einige grundlegende Fragen gilt es dabei zu beantworten:

- Konnte jedes Teammitglied sein Potenzial im Arbeitsprozess im Sinne der gemeinsamen Zielerreichung einbringen?
- Konnte jedes Teammitglied sein Potenzial und seine Kompetenzen im Arbeitsprozess entwickeln und erweitern?
- In welcher Weise haben sich die Teammitglieder gegenseitig wertgeschätzt und sich unterstützt, ihr maximales Potenzial zu entfalten?
- In welcher Weise ist das Team mit Fehlern umgegangen? Wurden sie konstruktiv genutzt?
- In welcher Weise nutzen Teammodelle dem Team dabei, seine volle Leistung zu entfalten?
- Worauf würde das Team im nächsten Projekt besonders achten? Was würde es von vornherein anders machen?

Fallbeispiel
Das Team reflektiert die Zusammenarbeit im gemeinsamen Prozess unter Einbeziehung der Stärken der Beteiligten. Ziel ist eine Optimierung der Zusammenarbeit im Prozess, die das Loslassen von Vertrautem notwendig macht.

Ebenfalls im Sinne einer kontinuierlichen Verbesserung beeinflusst hier das Prinzip der Retrospektive Teamwork und Kommunikation gleichermaßen. So erfolgt ein Anpassen von Methoden und Teamwork im Prozess (Derby und Larsen 2018, S. IX).

Die Beteiligung der Einzelnen unterstützt so die Gruppe im gemeinschaftlichen Vorgehen.

Über das Individuelle hinaus ermöglicht die Retrospektive, die Teams in eine gute Reflexion über ihr gemeinschaftliches Handeln zu bringen. Individualität und Vielfältigkeit kann als Herausforderung und Chance gleichermaßen begriffen werden.

In einer wertfreien Reflexion zeigt sich die Wertschätzung des bereits Vorhandenen und die Integration des Neuen, die so müheloser vollzogen werden kann.

Methode – das Modell der themenzentrierten Interaktion (TZI) dient der Reflexion des Gesamtprozesses

1. **Das „Ich"**
   Als Möglichkeit der Selbstreflexion werden individuelle Notizen über Erfahrungen im Prozess genutzt.
2. **Das Thema und das „Wir"**
   Das „Meisterstück", als das, was stellvertretend für die gemeinsame Arbeit steht, wird definiert und in einer beliebigen theatralen Form dargestellt (Standbild, als Szene, als Text gesprochen, gesungen etc.).
3. **Fragerunde zum Faktor „Wir"**
   Im Plenum wird ausgehend von den szenischen Darbietungen diskutiert: Was wird gebraucht? Was muss anders werden, damit wir noch besser werden?
   Hierzu kommen Akteure und Zuschauer, als unmittelbar Beteiligte, zu Wort.

Kanban-Board

Noch zu erledigen	In Bearbeitung	Erledigt
		Iteration
		Inkrement
		Einfachheit
		Veränderung
		Review
	Retrospektive	
Selbstorganisierte Teams		
Kooperation mit Experten		

Agile Praktiken
Im Mittelpunkt des agilen Prinzips „Retrospektive" steht eine Prozessanalyse. Die zentrale Frage lautet: Wie gestaltete sich die Zusammenarbeit? Unverzichtbare Methode ist dabei ein konstruktives Feedback, in welchem sich eine lebendige Fehlerkultur als nützlich erweist. Nur diese Offenheit untereinander, auch für Neues, sichert langfristig Lernfähigkeit und den Aufbau einer agilen Haltung. Die nachfolgend beschriebenen Übungen fördern den Aufbau dieser Kompetenzen.

Prinzip 6 – Zurückschauen und beurteilen

Lernfähigkeit zeigt sich mit der Neugier und dem Willen, an der eigenen Weiterentwicklung zu arbeiten. Hierbei wird in einer Fehlerkultur gelernt und die eigenen Stärken werden gestärkt.

Die Kompetenz **Offenheit** drückt sich in der Akzeptanz von Andersartigkeit und im flexiblen Umgang mit Menschen und Situationen aus.

Mentale Aufwärm- und Einstiegsübung

5 Punkte

Die Akteure suchen sich visuell 5 Punkte im Raum und ordnen diesen die Zahlen 1–5 zu. Der Anleitende nennt eine Ziffer aus diesem Zahlenraum, die Akteure schauen nun zu diesem Punkt. Mit der Zeit kann man das Tempo steigern. ◄

Schwerpunkt Lernfähigkeit

Fahrgestell aus Personen

Vier Personen bilden jeweils eine Gruppe. Sie bauen ohne Hilfsmittel aus ihren Körpern ein Fahrzeug, das möglichst wenig „Räder" hat. Jedes Körperteil, das den Boden berührt, gilt als Rad.

Im Wettbewerb können diese „Fahrzeuge" eine vorher festgelegte Strecke zurücklegen.

Eine Prozessanalyse der Arbeitsweise jeder Gruppe kann zeigen, wie erfolgreiche Prozesse aufgebaut sind.

Flexibel in die Rolle

Die Gruppe spielt eine klar angesagte Szene, z. B. OP im Krankenhaus. Die Hauptperson, der Chefarzt und Chirurg, fehlt. Eine Person kommt von außerhalb des Raumes und weiß nicht, was gespielt wird. Sie muss nach einer Weile erkennen, dass sie die Hauptrolle spielt und muss entsprechend agieren.

Best Practice und Worst Practice

Paare oder Dreiergruppen denken sich Alltags- oder Arbeitssituationen aus. Sie präsentieren spontan vor der Gruppe eine Situation direkt zweimal hintereinander.

In der 1. Version wird das Problem der Situation in optimaler Weise gelöst. In der 2. Version zeigen sie, was alles schiefgehen kann.

In der folgenden Analyse tragen die Teammitglieder zusammen, was in der Prozessfolge besonders gut geklappt hat bzw. schiefging und warum. ◄

Schwerpunkt Offenheit

Billardkugeln

Alle Personen gehen im Raum umher. Beim Gehen stoßen sie vorsichtig aneinander und bewegen sich danach in entsprechendem Winkel auseinander, bis sie auf den Nächsten stoßen.

Die Personen nehmen die Impulse sehr präzise und feinfühlig auf. Sie rempeln nicht gefühllos durch die Gruppe, sondern spüren achtsam den Impulsen nach.

Routinehandlung interessant machen

Paare denken sich Alltagssituationen aus. Sie präsentieren spontan vor der Gruppe in einer Situation, in welcher Weise sie sozusagen mit einer Lupe alltägliche oder auch arbeitsbezogene Vorgänge betrachten. Sie vergrößern und vergröbern diese, wie es auch z. B. die Satire macht, um bestimmte Vorgänge übertrieben deutlich zu zeigen. Dieser genaue Blick ist erforderlich, wenn es darum geht, Prozesse zu untersuchen und zu optimieren.

Heißer Stuhl

Eine Person sitzt in der Mitte im Stuhlkreis, am besten auf einem Drehstuhl. Die anderen um sie herum stellen beliebige Fragen. Sichtbar wird, wie weit sich die Person auf dem heißen Stuhl öffnen mag oder kann. ◄

▶ Die in den Fallbeispielen durchgeführten Simulationen und auch die Namen von Übungen aus dem Fundus der „agilen Praktiken" können als Gedächtnisstütze im Arbeitsalltag genutzt werden, wenn entsprechende Probleme auftreten, denen mit genau diesen Übungen begegnet werden kann. Das Prinzip der Wiederholung ist ein grundlegendes Prinzip des Lernens, um Gelerntes langfristig zu ankern, in die Persönlichkeit zu integrieren und somit zu einer Haltung zu entwickeln.

Als Beispiel kann die Übung „Billardkugeln" gelten. So sind im Arbeitsalltag alle Teammitglieder immer aufgefordert, laut „Billardkugeln" zu rufen, wenn jemand einen Impuls, eine Anregung gegeben hat, mit der aber andere nicht achtsam umgehen oder sie blockieren.

Fazit

Ein agil aufgestelltes Unternehmen erfordert zwingend eine offene und selbstkritische Kultur. Diese muss von den Führungskräften vorgelebt werden. Nichts ist so wirksam wie eine exzellente Führungskraft, und nichts ist so wirksam wie eine miserable Führungskraft. Und hier wird auch die große Herausforderung sichtbar: Die Angst der Führungskraft geht einher mit dem Erfolg von Agilität. Wichtig zu wissen: Im Agilen wird die Verantwortung geteilt, nicht gemindert.

Inwiefern hier die Wahrnehmung Einzelner in die Kommunikation der Organisation gelangt, entscheidet auch darüber, wie handlungsfähig sich die Organisation zeigt und inwieweit Kompetenzen und Fähigkeiten Einzelner berücksichtigt werden können (Simon 2018, S. 38).

Fehler sind keine Makel. Niemand macht absichtlich Fehler, der sich im Kontext mit anderen Menschen zu einem gemeinsamen Ziel committet hat. Fehler sind buchstäblich hervorragende Möglichkeiten und Chancen zum Lernen, zum Kompetenzerwerb und zur Freisetzung von Kreativität (vgl. auch Prinzip 2).

Da sie in vielen Prozessen sehr störend und hinderlich sind und oft auch immense Kosten verursachen, ist es notwendig, Fehler im Prozess schnell zu identifizieren, um sie zu beseitigen. Sie verweisen überdies durch das erzwungene Innehalten auf ein Potenzial zur Verbesserung von Prozessen. Dieses Potenzial gilt es in Retrospektiven nutzbar zu machen. Auch Wissenschaft, die solideste Methode zur Gewinnung von Erkenntnissen, ist sich bewusst, dass ihre Aussagen nur bis zur nächsten Falsifikation gelten. Dies bedeutet, dass Veränderungsmöglichkeiten als konstruktives Element in einer Rückschau begriffen werden sollten. Eine sorgfältige Analyse der gelaufenen Prozesse fördert diese zutage und liefert damit Anhaltspunkte für fundiertes Feedback. Auf der Grundlage dieses Feedbacks wiederum ist es möglich, eine sorgfältige Beurteilung der Zusammenarbeit im Team zu erstellen und entsprechende Veränderungsmaßnahmen zu beschließen. Brecht hat das prägnant in einer Keuner-Geschichte zum Ausdruck gebracht: Herr K besuchte einen Wissenschaftler. Dieser war eifrig in ein neues Experiment vertieft und beantwortete die Frage von Herrn K, was er da mache, mit der entwaffnenden Antwort: Ich bereite meinen nächsten Irrtum vor.

Prinzip 7 – Als Team selbstorganisiert arbeiten

Damit Teams sich selbst organisieren können, muss die Unternehmensführung dies zulassen, ihnen Freiräume gewähren und sie mit den nötigen Ressourcen ausstatten. Die Nutzung der Freiräume und Ressourcen durch selbstorganisierte Teams steigert Effizienz, Motivation und Selbstverantwortung gleichermaßen (Preußig 2018, S. 68). Diese Teams sind darüber hinaus dann besonders effizient, wenn sie heterogen besetzt sind und ein gemeinsames Ziel vor Augen haben. Es ist keine Voraussetzung, dass der Weg dorthin schon genau beschrieben werden kann. Gelingende selbstorganisierte Teamarbeit zeigt sich darin, dass alle Teammitglieder ihre jeweils unterschiedlichen Kompetenzen einbringen können, diese entsprechend wertgeschätzt werden und alle die erforderlichen Arbeiten über ihre Eigeninteressen stellen.

In einer agilen Vorgehensweise fokussieren sich selbstorganisierte Teams auf den Kundennutzen und somit auch auf eine qualitative Verbesserung des Produkts.

Letzten Endes kann man alle wirtschaftlichen Vorgänge auf drei Worte reduzieren: Menschen, Produkte und Profite. Die Menschen stehen an erster Stelle.
Wenn man kein gutes Team hat, kann man mit den beiden anderen nicht viel anfangen.
Lee Iacocca 1924, amerikanischer Topmanager,
1979–92 Vorstandsvorsitzender Chrysler Corp.

Die Bedeutung einer agilen Haltung für konstruktive Teamarbeit
Ein Team ist eine kleine Gruppe von Personen,

- deren Fähigkeiten einander ergänzen,
- die sich für einen gemeinsamen Arbeitsansatz engagieren,

- die zusammen an einem gemeinsamen Leistungsziel arbeiten,
- die gemeinsam für die Erreichung der gesetzten Ziele verantwortlich sind und
- die sich für die Qualität der zu erbringenden Leistung gegenseitig Rechenschaft ablegen.

Teams sind die Schnittstelle zwischen den Zielen einer Organisation und den Zielen von Einzelpersonen. Seemüller sieht in der Teamentwicklung und im Konfliktmanagement Handlungsfelder, die immer bedeutsamer werden. (Seemüller im Interview, S. 146 ff.)

Gruppendynamische und individuelle Prozesse können die Erfüllung der Hauptaufgabe der Organisation behindern, und die Erfüllung menschlicher Wünsche wird oftmals durch schlecht definierte Rollen, mangelhafte Strukturen und unklare strategische Vorgaben gestört. Teamentwicklung dient der Förderung der Erfüllung der organisatorischen und menschlichen Ziele des Teams.

Von Bedeutung ist, dass jedes Teammitglied und die Gruppe sich ihrer spezifischen Fähigkeiten bewusst werden und diese gezielt einsetzt.

> Das Ganze ist mehr als die Summe seiner Teile.
> Aristoteles

Dieser Lernprozess beginnt natürlich schon beim ersten Arbeitstreffen und nicht hier im 7. Abschnitt; er wird in diesem Abschn. „Prinzip 7 – Als Team selbstorganisiert arbeiten" lediglich differenzierter untersucht und gibt Anregungen, die Teamfähigkeit von Menschen zu verbessern.

Hierzu benötigen die Teams einen entsprechenden Handlungsspielraum, in dem auch individuelle Bedürfnisse berücksichtigt werden (Scheller 2017, S. 168). Die Heterogenität eines Teams spiegelt sich dabei in der vorzunehmenden Rollenverteilung.

Nach dem agilen Vorgehensmodell Scrum (vgl. https://scrum-master.de/) werden im agilen Projektmanagement 4 Rollen definiert: Product Owner, ScrumMaster, Teammitglied und sonstige Stakeholder, die in durch die Scrum-Regeln definierter Weise miteinander arbeiten. Der Product Owner vertritt die fachliche Auftraggeberseite, also alle Stakeholder, und ist durch diese mandatiert. Er verantwortet den Business Value und entscheidet über die Priorisierung der schrittweisen Weiterentwicklung des Produkts. Er informiert sich lediglich passiv, steht aber für Fragen zur Verfügung. Der Product Owner hat entscheidenden Einfluss auf das Arbeitsergebnis. Er allein trägt die Verantwortung und wird dafür zur Rechenschaft gezogen.

Der Scrum-Master wirkt als Vermittler und Unterstützer (Facilitator), beseitigt Hindernisse, sorgt für Austausch zwischen Product Owner und Team. Er trägt die Verantwortung für den Prozess und moderiert die Meetings.

Ein Scrum-Team besteht aus 5–10 interdisziplinär qualifizierte Personen (z. B. Entwickler, Architekten, Tester, technische Redakteure) und organisiert sich selbst. Alle sind dem übergeordneten Ziel, dem Big Picture, verpflichtet.

Eine andere Vorgehensweise der Teambildung setzt Persönlichkeitsmerkmale in den Fokus. Die in Cambridge in den 1970er-Jahren von Meredith Belbin angeregten systematischen Experimente mit Teams aus Kursteilnehmern am Henley Management College belegen in signifikanter Art und Weise, dass Teams dann besonders erfolgreich arbeiten, wenn sie in ähnlicher Weise wie bei Scrum heterogen besetzt sind. Die Verteilung der Teamrollen erfolgt im Wesentlichen nach Persönlichkeitsmerkmalen und Kompetenzen. Diese Betrachtungsweise von Teamarbeit eignet sich für viele Bereiche, in denen Menschen sich zusammenfinden (müssen), um in gemeinsamer Arbeit ein ebenso definiertes Ziel zu erreichen, und das in herausragend konstruktiver und effektiver Art und Weise.

Es sei nur am Rande vermerkt, dass dieser Blick auf eine gemeinsam arbeitende Gruppe nicht zufällig große Ähnlichkeiten mit einem Ensemblebildungsprozess im Theater aufweist. Darüber hinaus ist Heterogenität in der Rollenstruktur ein Wesenszug vieler erfolgreicher Dramen. Das hat seine berechtigten Gründe, die dazu führen, dass sich Theatertraining vielfach ähnlicher, agiler Methoden und Übungen bedient wie Managementtraining.

Ausgehend von der Annahme, dass das Persönlichkeitsprofil eines Menschen auf unterschiedlich stark ausgeprägten Eigenschaften beruht, entwickelte die Belbin-Forschung über Jahre hinweg diese Betrachtungsweise von Teamarbeit weiter und ergänzte sie z. B. mit modernen digitalen Tools (z. B. Interplace®) zur Rollenermittlung und -zuweisung für potenzielle Teammitglieder. Die Verbreiterung der Datenbasis in Bezug auf Selbst- und Fremdeinschätzung potenzieller Teammitglieder führt im Ergebnis zu einer zielsichereren Zuweisung der Primär- und Sekundärrollen. Diese wiederum ist Voraussetzung für einen messbar höheren Erfolg von Teams.

Die Grundsatzfrage, die es zu beantworten gilt, lautet: Nach welchen Kriterien sollte ein optimales Team zusammengesetzt werden? Eine Analogie zum Theater macht es schnell deutlich. Man kann sich leicht vorstellen, dass ein Ensemble, das überwiegend mit „Alphas", also Akteuren, die sich gern in den Vordergrund rücken, bestückt ist, kaum ein erfolgreiches Stück inszenieren kann. Es würde in andauernder Konkurrenz von überaus expressiven Menschen stets Auseinandersetzungen und Konflikte geben. Ein Ensemble oder Team, das überwiegend aus stillen, sich und alles reflektierenden Menschen bestünde, brächte bestenfalls ein Stück auf die Bühne, dass vermutlich gähnende Langeweile bei den Zuschauern auslösen würde. Offensichtlich besteht in einer geschickten Mischung die Quadratur des Kreises. Dabei können bei der Zusammenstellung eines Teams nicht Einzelaspekte eine exponierte Rolle spielen, z. B. lediglich das Fachwissen, die Erfahrung, das Alter oder Sympathie. Stärken und Schwächen sollten in einem Team möglichst ausgeglichen verteilt sein. Das Rollenmodell von Belbin versucht, auf diese spannende Frage eine Antwort zu geben. Es greift die natürliche Einnahme definierter Rollen von Menschen in bestimmten Situationen auf, sieht aber auch, dass dies abhängig davon ist, welche Grundkonstitution ein Mensch besitzt, welche Anlangen und welche Persönlichkeitsmerkmale er mitbringt. Dabei ist kaum ein Mensch nur auf einen Typus festlegbar. Das entspräche im Theater einer klischeehaften und eindimensionalen Figur. Sie hätte keine unterschiedlichen oder gar widerstreitenden

Facetten. Sie wäre langweilig, mehr noch: unrealistisch. Vielfältige Dynamiken in Ensembles und Teams entstehen durch die Vielfalt ihrer Persönlichkeitsmerkmale, die Verschiedenartigkeit ihrer Motive und Interessen, die unterschiedlichsten Perspektiven, die sie einnehmen, und ihre unterschiedlichen Betrachtungsweisen. Erst diese Verschiedenartigkeit garantiert die Erfassung eines Themas, eines Problems oder einer Herausforderung in all ihren Erscheinungsformen, Eigenarten und Facetten. Entsprechend vielfältig gestalten sich dabei natürlicherweise die Herangehensweisen an die Bearbeitung und Entwicklung von Lösungswegen. Es entsteht eine kreative Dynamik aus einer agilen Haltung der Teammitglieder, die z. B. auch in der Stückeerarbeitung von Ensembles und Theaterkollektiven gut zu beobachten ist. Diese erlischt erst, wenn ein Produkt kreierte wurde, welches allen oder zumindest den meisten im Team als passende Lösung erscheint und mit dem sich bestenfalls alle identifizieren können.

Die Belbin-Forscher haben durch ihre Experimente herausgefunden, dass ein Team dann am erfolgreichsten arbeiten kann, wenn darin 8 Teamrollen aktiviert sind, welche sich aus typischem Verhalten von Teammitglieder ergeben. Belbin formulierte seine Methode in den frühen 1980er-Jahren und ergänzte sie später um eine weitere auf 9 Rollen, indem er noch die Rolle des Spezialisten hinzufügte.

Diese 9 spezifizierten Rollen sind der Grundbaustein einer hohen Agilität von Teams. Wenn jeder im Team seine Rolle angemessen spielt und den Prinzipien entsprechend weiterentwickelt, sorgt diese Dynamik quasi automatisch für ein hohes Level an Agilität. Dazu braucht es u. a. ein Niveau der durchgehenden Selbstreflexion, wie es näher bei Prinzip 2 ausgeführt wurde.

Die Belbin-Forschung hat die im Folgenden beschriebenen 9 primären Teamrollen nach Stärken und Schwächen differenziert.

Die Vorteile der Betrachtung von Teamarbeit mithilfe der Teamrollen
Teammitglieder verstehen sich untereinander besser, wenn sie das Verhalten der anderen und ihr eigenes Verhalten genauer einschätzen, Stärken und Schwächen klarer benennen können. Führungskräften ist es so möglich, Teams gezielter zusammenzustellen und ihnen passgenauere Aufgaben zu übertragen.

Die beschriebenen Rollen lassen sich nach allgemeineren Schwerpunkten in handlungsorientierte, kommunikationsorientierte und wissensorientierte Rollen kategorisieren.

Überblick über die 9 Teamrollen nach Belbin
Drei handlungsorientierte Rollen: Macher (Shaper), Umsetzer (Implementer), Perfektionist (Completer, Finisher)
 Drei kommunikationsorientierte Rollen: Koordinator/Integrator (Coordinator), Teamarbeiter/Mitspieler (Teamworker), Wegbereiter/Weichensteller (Resource Investigator)
 Drei wissensorientierte Rollen: Neuerer/Erfinder (Plant), Beobachter (Monitor Evaluator), Spezialist (Specialist)

Hier zeigt sich das Modell Belbin als deutlich komplexer und differenzierungsfähiger als Scrum, das ursprünglich nur für den IT-Sektor entwickelt wurde. Im Vergleich der Teamrollendefinitionen werden partiell Überschneidungen erkennbar. So zeigen sich teilweise Ähnlichkeiten in der Aufgabenstellung in einem Rollenvergleich z. B. bei Scrum-Master und Coordinator/Resource Investigator. Der Product Owner im Scrum-Modell hat teilweise ähnliche Aufgaben wie der Monitor Evaluator, auch wenn er sehr viel mehr als der Sprecher und Interessenvertreter des Kunden agiert.

Die Kompetenzen und Schwächen der Teamrollen

Teamrolle	Beitrag	Stärken	Schwächen
Handlungsorientierte Rollen			
Umsetzer (Implementer)	Setzt Ideen und Pläne in die Tat um	Praktiker, verlässlich	Partiell unflexibel, reagiert eher langsam auf Veränderungen
Perfektionist (Completer, Finisher)	Veredelt Ergebnisse und begibt sich auf Fehlersuche	Arbeitet genau, vermeidet Fehler,	Übervorsichtig, kontrolliert Dinge mehrfach, delegiert nur ungern
Macher (Shaper)	Kann gut mit Druck umgehen, liebt Herausforderungen	Dynamisch, besitzt die Fähigkeit, Hindernisse zu überwinden	Leicht reizbar, partiell grenzüberschreitend
Kommunikationsorientierte Rollen			
Koordinator (Coordinator)	Erfahren, selbstsicher und strukturiert	Kann effektiv delegieren, erkennt Potenziale der anderen	Kann als manipulierend empfunden werden
Teamarbeiter (Teamworker)	Achtet und schätzt eine gute Zusammenarbeit	Diplomatisch, verfügt über eine gute Wahrnehmung	Eher zögerlich in kritischen Situationen, konfliktscheu
Wegbereiter (Resource Investigator)	Sucht Chancen und entwickelt Kontakte im Umfeld	Extrovertiert, enthusiastisch, guter Netzwerker	Überoptimistisch, verliert schnell das Interesse.
Wissensorientierte Rollen			
Neuerer (Plant)	Erzeugt neue Ideen und löst schwierige Probleme	Kreativ, freigeistig, gutes Vorstellungsvermögen	Ignoriert gern Details, inhaltlich in der Kommunikation manchmal unflexibel
Beobachter (Monitor-Evaluator)	Hat den Gesamtüberblick, entscheidet akkurat	Anspruchsvoll, nüchtern und strategisch	Kann andere nicht begeistern, kann unangemessen kritisch sein

Belbin® Team Role Summary Descriptions (Belbin 2016), Übersetzung: Parker/List

Warum ist es notwendig sich nicht nur Gedanken zu machen, welche Teamrolle man am besten übernehmen kann, sondern auch, welche Kompetenzen man hat, um bei Bedarf auch andere Teamrollen gut ausfüllen zu können?

Manche Menschen besitzen ein herausragendes Talent oder wenige bis eine Kernkompetenz, z. B. ein begabter Analytiker, der allem in sorgfältiger, fast wissenschaftlicher, Weise auf den Grund geht. Ein anderer kann sehr gut Menschen miteinander in Kontakt bringen und vermittelnd und ausgleichend wirken. Das wären z. B. die Kompetenzen, mit deren Hilfe sie die Rollen des Perfektionisten (Completer, Finisher) bzw. des Teamarbeiters (Teamworker) ausfüllen könnten. Beide Teammitglieder in diesem Beispiel besitzen aber noch weitere, nicht so stark ausgeprägte Kompetenzen, die sie befähigen, auch andere Rollen zu übernehmen. So könnte der Perfektionist (Completer, Finisher) evtl. auch die Rollen des Spezialisten (Specialist) und des Neuerers (Plant) und der Teamarbeiter (Teamworker) die Rolle des Wegbereiters (Resource Investigator) übernehmen.

In der Praxis ergeben sich eher selten Gelegenheiten, in denen sich alle Teamrollen in idealer Weise besetzen lassen. Insofern wird es eher die Regel sein, dass Teammitglieder in agiler Weise auch häufig statt ihrer Primärrolle eine Sekundär- bzw. auch eine Tertiärrolle oder, bei kleinen Teams, gar mehrere Rollen gleichzeitig übernehmen müssen.

Fallbeispiel
In der im Folgenden beschriebenen Seminarphase wird ein Produkt mit den Potenzialen der Einzelnen hergestellt und so Selbstverantwortung ermöglicht. Der Gedanke an den Unternehmer im Unternehmen wird gefördert. Jeder kann sich einbringen und lernen.

Zur Weiterentwicklung des Produkts liegt so der Schwerpunkt der Betrachtung und des Trainings darauf, die Fähigkeiten und Kompetenzen möglichst vieler Teammitglieder einzubinden und zu nutzen. Es wird gezeigt, inwiefern der Kompetenzerwerb bzw. die Kompetenzerweiterung und -vertiefung in den Bereichen der Selbstverantwortung, der Selbstorganisation, der Belastbarkeit und des Konfliktmanagements trainiert werden können. Handlungsorientierte Methoden zeigen sich hier als geeignet, um das Prinzip der selbstorganisierten Teams zu erfahren (vgl. auch die beschriebenen ergänzenden Übungen in diesem Kapitel). Befördert wird diese Wahrnehmung durch eine gemeinsame Reflexion der Darstellung, die auf gelingenden Beiträgen Einzelner basiert. Hier wird die Selbstorganisation als vorhandener Wert identifiziert. Es geht darum, alle Beteiligten zu involvieren. Dieses Vorgehen wiederum erhöht die Akzeptanz der Ergebnisse.

Im Rahmen der Selbstorganisation gilt es, das Individuelle in einem gemeinsamen Prozess zu verorten. Dieser Betrachtung liegen, nach der Reflexion des Teams, die Ebenen des „ICH", des Individuums, und des „ES", als gemeinsames Thema, zugrunde. Hierbei wird von autonomer Selbstorganisation gesprochen, die sich gestaltend über die Formulierung von Rahmenbedingungen zeigt. Die Akteure benötigen hierzu einen entsprechenden Handlungsspielraum im Kreieren einer Ordnung, der individuelle Bedürfnisse berücksichtigt (Scheller 2017, S. 168). Über die eigenverantwortliche aktive Gestaltung eines Produkts wird Selbstwirksamkeit erfahrbar gemacht. Hierbei unterstützt eine Methode, die für alle umsetzbar ist, und ein inhaltlich offener Prozess, der mit allen Beteiligten gestaltet wird.

Methode

1. **Der Faktor „Es": Was ist das verbindende Anliegen der Gruppe?**
   Die Szene wird abermals gespielt mit Blick darauf, wie sie weiterentwickelt werden kann. Hierzu wird erstmalig der Bühnenraum in seiner Wirkung thematisiert. Es wird gemeinsam überlegt, wie dieser die Szene und deren Aussage mit einfachen Mitteln unterstützt.
2. **Der Faktor „Ich": Die individuellen Fähigkeiten**
   Jeder überlegt in Einzelarbeit, wie er/sie sich einbringen kann und möchte. Diese Überlegungen werden in der Gruppe diskutiert. (Beispiel: Gedicht rezitieren, singen, Text schreiben, ein Plakat für die Szene entwerfen, das Bühnenbild – natürlich einfach – kreieren z. B. mit Bildsequenzen, Projektionen etc. …)
3. **Die Präsentation mit den Beiträgen aller ergänzen**
   Die Beiträge aller Akteure fließen in die nächste Präsentation ein.
4. **Beobachtungsaufträge umsetzen**
   Beobachtungsbogen zu Prinzip VII. Selbstorganisierte Teams:

Indikatoren	Beobachtung
Sind die eingebrachten Anteile der Teammitglieder zu erkennen? Was ist on top? Was zeigt sich wie?	

Kanban-Board

Noch zu erledigen	In Bearbeitung	Erledigt
		Iteration
		Inkrement
		Einfachheit
		Veränderung
		Review
		Retrospektive
	Selbstorganisierte Teams	
Kooperation mit Experten		

Agile Praktiken

Die folgenden Übungen trainieren insbesondere jene Kompetenzen, die für eine erfolgreiche selbstorganisierte Teamarbeit grundlegend oder zumindest förderlich sind. Selbstverantwortliches Arbeiten und die Fähigkeit, Konflikte zu managen, sind hier besonders gefordert.

Konflikte zu **managen** bedeutet für agile Teams, in herausfordernden Situationen ausgleichend zu handeln und zu kommunizieren, um zu einer konstruktiven Lösung zu gelangen.

Selbstverantwortung zeigt sich in der Fähigkeit, Verantwortung für das eigene Handeln zu übernehmen, eigenständig Entscheidungen zu treffen und für diese auch einzutreten.

Selbstorganisiert zu sein heißt, strukturiert und mit dem Blick auf das Wesentliche zu priorisieren, zu entscheiden und ein gutes Zeitmanagement zu leben.

Interaktive Aufwärm- und Einstiegsübung

Schwerpunkt: Belastbarkeit
Zählen 1–20

Alle stehen im Kreis, peripherer Blick, entspannte Konzentration. Ohne Kommando beginnt eine beliebige Person ohne Absprache mit „Eins". Ein beliebiger Zweiter zählt weiter „Zwei". Sprechen 2 Personen gleichzeitig, muss irgendjemand wieder von vorne mit der „Eins" beginnen. Wer welche Zahl nennt, ist nie vorbestimmt und ändert sich bei jedem Neubeginn.

Gelingt es der Gruppe, bis zur Zahl 20 zu kommen, stellt sich eine enorme Erleichterung ein. Diese Übung trainiert die Konzentration in der Gruppe, das Ensemblegefühl. Jeder muss für sich entscheiden, ob und wann er dran ist. Dies ist eine Übung, die regelmäßig durchgeführt werden kann, um den Stand des „Gruppenspirits" bzw. Teamgeistes zu checken. ◄

Schwerpunkt Konfliktmanagement

Gleichschenklige Dreiecke stellen

Nonverbal. Alle verteilen sich im Raum. Jede Person sucht sich 2 Personen aus, mit denen sie als Eckpunkt ein gleichschenkliges Dreieck bildet. Auf Kommando des Anleiters verändert eine Person in der Gruppe ihren Standort um 1–2 Meter in eine beliebige Richtung. Alle anderen müssen nun immer wieder in immer kleineren Schritten ihren eigenen Standort verändern, damit sie wieder mit den zuvor ausgewählten 2 Personen ein gleichschenkliges Dreieck bilden. Die Übung zeigt die Betroffenheit von allen, wenn sich nur einer im Ensemble/Team verändert.

Eisscholle

Alle drängen sich auf einem großen Bogen Papier auf dem Boden zusammen. Das Papier symbolisiert eine Eisscholle im Meer. Die anleitende Person erzählt dazu, das die Scholle immer weiter Richtung Süden treibt und schmilzt bzw. Stücke abbrechen, und reißt nach und nach Stücke vom Papier ab. Wer ins Wasser tritt, „ertrinkt" und scheidet aus.

Musik: Filmmusik von Titanic

Variante: Diese Übung kann zu einer kleinen Szene ausgearbeitet werden.

Die Menschmaschine

Eine Person beginnt und stellt einen Teil einer nicht näher definierten Maschine dar und macht eine entsprechende stereotype Bewegung mit Arm, Bein, Kopf usw. Eine zweite Person baut einen weiteren Teil in die Maschine ein. Andere folgen nach und nach.

Alle Teile der „Maschine" stehen miteinander in Verbindung, haben also Körperkontakt.

Am Schluss ist eine „funktionsfähige" Maschine entstanden.

Variation

- Die Maschine läuft in Zeitlupe.
- Der Chef kommt und sie läuft ganz präzise.
- Sie läuft rückwärts.
- Sie läuft langsam an.
- Sie hat eine oder zwei defekte Stellen.
- Sie ruckelt und hat Aussetzer.
- Es kommt ein Ingenieur und baut sie um. ◄

Schwerpunkt: Selbstverantwortung und Selbstorganisation

Blind als Gruppe geometrische Figuren bilden
Alle gehen durch den Raum. Auf ein Zeichen des Anleiters bleiben alle stehen und werden blind. Dann gehen alle weiter und versuchen gemeinsam einen Kreis zu bilden.
Variationen: Dreieck, Quadrat, Viereck, Trapez usw.

Erfolgreiche Teams bilden
Die Aufgabe für die Gesamtgruppe lautet: Bildet mehrere erfolgreiche Teams, wobei die Aufgaben für die Teams noch unklar sind. ◄

Umfangreichere und aufwändigere Übungen

- Mehrere Teams bauen im Wettbewerb Fallschirme für ein rohes Ei und präsentieren nach einer vorgegebenen Zeit das gelungene Produkt der Gruppe (Zeitbedarf: 1–2 Stunden; Material: Papier, Schere, Kleber, Schnüre).
- Mehrere Teams bauen im Wettbewerb eine belastbare Brücke und präsentieren nach einer vorgegebenen Zeit das gelungene Produkt der Gruppe (Zeitbedarf: 1–2 Stunden. Material: Papier, Schere, Kleber, Schnüre).
- Mehrere Teams drehen im Wettbewerb einen Film in den Belbin-Rollen und präsentieren nach einer vorgegebenen Zeit das gelungene Produkt der Gruppe (Zeitbedarf: 2 Tage. Material: Kostüme usw.). ◄

▶ **Fragebogen** Ein Fragebogen kann eine Standortbestimmung des Teams transparent machen und gleichermaßen zur Selbstreflexion animieren. Er ist Ausgangspunkt zur Weiterarbeit.

Dieser Bogen bezieht sich exemplarisch auf die Kompetenzen, die das Prinzip 7 – Als Team selbstorganisiert arbeiten – in der Praxis mit Leben füllen: Konfliktmanagement sowie Selbstverantwortung und Selbstorganisation.

Instruktion
Wie denken Sie über nachfolgende Aussagen? Kreuzen Sie die Ziffer auf der angegebenen 6-Punkte-Skala an, die Ihrer Ansicht am nächsten kommt.

Wie denken Sie über nachfolgende Aussagen?						
Das Team orientiert sich in seinem Handeln an einem Gesamtziel.						
stimme kaum zu					stimme stark zu	
1	2	3	4	5	6	
Das Team ist einer gemeinsamen Kommunikationskultur verpflichtet.						
stimme kaum zu					stimme stark zu	
1	2	3	4	5	6	
Menschen sind von Natur aus leistungsbereit.						
stimme kaum zu					stimme stark zu	
1	2	3	4	5	6	

Veränderungen und Herausforderungen sehe ich als Möglichkeit der Weiterentwicklung.					
stimme kaum zu				stimme stark zu	
1	2	3	4	5	6
Das Delegieren von Aufgaben fällt mir leicht.					
stimme kaum zu				stimme stark zu	
1	2	3	4	5	6
Selbstreflexion ist wichtig.					
stimme kaum zu				stimme stark zu	
1	2	3	4	5	6
Es gibt nicht nur ein Entweder-oder, es gibt auch ein Sowohl-als-auch.					
stimme kaum zu				stimme stark zu	
1	2	3	4	5	6

Fazit

Selbstorganisiert arbeitende Teams übernehmen auch die Verantwortung für ihr Tun. Dabei ist es notwendig, dass klare Absprachen mit der Unternehmensführung über Reichweite und Tiefe der übernommenen Verantwortung getroffen und auch eingehalten werden. Das bedeutet, dass sich jedes Teammitglied bewusst sein muss, dass es nicht nur für den eigenen Beitrag zur Teamarbeit und zur Zielerreichung haftet, sondern gemeinschaftlich die Gruppe. Dies erfordert von den Teammitgliedern eine hohe Belastbarkeit, weil u. a. mögliche Konsequenzen aus fehlerhafter Arbeit folgen können. Hier zeigt sich eine Fehlerkultur als besonders bedeutsam für die Handlungsfähigkeit. Andererseits steigert das Verantwortungsgefühl für die Gemeinschaft enorm den Gemeinschaftsgeist, und der Vertrauensvorschuss der Unternehmensführung wirkt positiv auf die Motivation. Dies setzt allerdings bereits eine entsprechende Unternehmenskultur und ein angemessenes Konfliktmanagement voraus.

Im beruflichen Kontext sind Managementverantwortliche ebenso wie Organisations- und Personalentwickler und deren Berater und Trainer gut aufgestellt, wenn sie die Zusammensetzung von Arbeitsteams nicht nur im Auge behalten, sondern zu einer der ersten Fragen ihrer Interventionen machen. Die Zusammensetzungen von Teams haben entscheidenden Einfluss auf den erfolgreichen Abschluss eines Projektes oder Prozesses. In diesen Fällen werden Soft Skills schnell zu Hard Facts.

> Viele sind hartnäckig in Bezug auf den einmal eingeschlagenen Weg,
> wenige in Bezug auf das Ziel.
> Friedrich Nietzsche

Prinzip 8 – Unterstützung holen

Ein kooperatives Miteinander von Experten und Entwicklern ist grundlegend für agiles Handeln und zeigt seinen Nutzen in einer direkten Kommunikation. Interne wie auch externe Kooperationen unterstützen eine schnelle und kosteneffiziente Produktentwicklung in der Nutzung vorhandener Ressourcen (Scheller 2017, S. 49).

Prinzip 8 – Unterstützung holen

Teams holen sich Support, intern von verantwortlichen Führungskräften und intern wie extern von Experten. Als Schnittstellen und Kontaktpersonen fungieren dabei die Teammitglieder, die entsprechende Teamrollen ausfüllen. In Bezug auf die Koordination der internen und externen fachlichen Unterstützung bietet sich nach Belbin die Rolle des teaminternen Experten an (Perfektionist/Completer, Finisher). In Bezug auf die Kommunikation mit der verantwortlichen Führungskraft unterstützen die Rollen von Koordinator und Wegbereiter.

Das Schaffen selbst ist eitel Bewegung,
Das stümpert sich leicht in kurzer Frist;
jedoch der Plan, die Überlegung,
Das zeigt erst, wer ein Künstler ist.
Brecht, Der Schöpfer

Expertenkompetenz und Berater konstruktiv nutzen
Die Nutzung von Experten und Beratern im agilen Prozess unterliegt den gleichen Wirkungsmechanismen wie in jedem anderen Arbeitsprozess auch. Expertenwissen ist notwendig und konstruktive Beratung hilfreich. Dem agilen Team obliegt die Aufgabe und die Verantwortung, zügig das in den Prozess eingebrachte Fachwissen von Experten und Beratern auf seine Tauglichkeit zu überprüfen (vgl. Prinzip 2). Diese Tauglichkeitsprüfung erfolgt permanent in den Iterationen.

Mit der Entwicklung eines Produkts wird eine Suche nach Möglichkeiten in Verbindung mit Erfahrungen und Handlungen erprobt und im prozesshaften Vorgehen als veränderbar begriffen. Informationen von Experten sind dann besonders hilfreich, wenn sie einen großen Nutzen für die Kunden haben. Aus diesem Grund sollten sie einfach, strukturiert und prägnant aufbereitet sein und stimulierend auf die Rezipienten wirken (vgl. Langer et al. 2002;). So viel zur Theorie. Unternehmen geraten in Krisen, wenn sie nicht offen für konstruktives Expertenwissen sind und sich abschotten gegenüber neuen relevanten Informationen.

Die Neigung zu Achtlosigkeit wird zu Ursache, warum Organisationen im Umgang mit dem Unerwarteten scheitern (Weick und Sutcliffe 2007).

Die durch neues Expertenwissen ausgelöste Instabilität erzeugt aber alles andere als eine Krise. „Es ist vielmehr die wichtigste Voraussetzung zum Vermeiden von Krisen" (Kruse 2004, S. 81).

Andererseits verlaufen auch viele „Inputs" von Experten häufig nach dem Muster: Viel hilft viel. Diese Informationsgeber überschütten ihre Zuhörer mit einer Überfülle an Informationen. Häufig berücksichtigen die von ihnen aufbereiteten und präsentierten Informationen auch nicht die speziellen Bedürfnisse und Interessen ihrer Klienten. Diese Überfülle an Informationen dient dann meist dem Zweck, die eigene Kompetenz zu demonstrieren. Zuweilen wird dieses Tun mit einem Touch Selbstverliebtheit gerechtfertigt, indem man es für das Gesamtverständnis als unerlässlich deklariert. Experten unterliegen auch der Gefahr, zu wenig über den Tellerrand ihrer Profession zu schauen, wenn sie sehr tief in ihr Fachgebiet eingetaucht sind, mit der Konsequenz, die Anknüpfungspunkte oder Notwendigkeiten ihres Wissens nicht angemessen zu beurteilen.

In diesen Situationen können die Rollenträger in ihren Funktionen als Koordinator (Coordinator), Wegbereiter (Resource Investigator), Beobachter (Monitor Evaluator) und Spezialist (Specialist) einen entscheidenden Beitrag leisten, das angebotene Expertenwissen auf Tauglichkeit und Nutzen für die eigene Arbeit zu überprüfen, zu bewerten und die hilfreichen Elemente innerhalb des Teams zu vermitteln.

Entwicklungsteams bringen ihr Wissen dann besonders erfolgreich an den Kunden, wenn sie ihre präsentierten Informationen unterhaltsam aufbereiten und ihren Rezipienten variationsreiche Aktivierungen in der Verarbeitung der Informationen anbieten.

Als eine Möglichkeit, Expertenwissen in Arbeitsprozessen konstruktiv zu präsentieren und zu integrieren, bietet sich die aktivierenden Methoden des Großgruppendesigns congress in motion© an.

Mehrere Impulsgeber bereiten Stationen vor, in denen sie ihre Informationen für die Besucher visuell aufbereiten und diese über kleine Aktionen, z. B. Fragen, provokante Thesen, Quiz, Minirollenspiel, Teilnehmerabstimmungen oder -bewertungen o. Ä., vermitteln. Für einen Ablauf sind mehrere Varianten denkbar: Feste Gruppen besuchen der Reihe nach die einzelnen Stationen. Oder die Teilnehmer entscheiden frei, welche Stationen sie besuchen möchten (Dittrich-Brauner et al. 2008, S. 169–187). Diese Form der Selbstorganisation von zu generierendem Wissen ist auch agilen Teams immanent.

Denkt man agile Teams in selbstorganisierten Einheiten und nicht in linientreuen Abteilungen, dann zeigt dies einen hohen Grad an Autonomie. Dieser muss natürlich von der Unternehmensführung gewollt sein. Diese weitgehende Selbstverantwortung auf der Basis der übergeordneten Unternehmensziele eröffnet einen neuen Umgang mit Expertenwissen. Insofern machen sich agile Teams nicht zum reinen Umsetzer oder Erfüllungsgehilfen von Expertisen externer Berater. Dieses Umsteuern setzt eine kontinuierliche Qualifikation der Teammitglieder voraus, selbst Expertenwissen zu generieren, bzw. die Kompetenz, von außen kommendes Expertenwissen fach- und sachgerecht zu bewerten und auf seinen Nutzen für die eigene Arbeit hin beurteilen zu können. Vielfältiges Wissen in heterogenen Gruppen fördert darüber hinaus die Problemlösefähigkeit dieser Teams. Auch die Selbstverantwortung in agilen Teams verhindert gruppenkonformes Denken und lässt die Menschen die Vorteile dieser Vielfalt und das sich daraus ergebende Entwicklungspotenzial nutzen.

Schleuter und Stosch empfehlen: „Beratung nicht teuer kaufen, sondern smart – und so viel selbst umsteuern, wir irgend möglich" (Schleuter und Stosch 2009, S. 124). Eine erfolgreiche Zusammenarbeit, auch mit externen Experten und Beratern, spiegelt sich in gelingender Kommunikation. So werden laut Preußig „Missverständnisse und Reibungsverluste in der Kommunikation durch direkte Zusammenarbeit vermindert" (Preußig 2018, S. 44). Unterstrichen wird die Bedeutung der Kommunikation, insofern der „Wille zur Zusammenarbeit und Vernetzung" mit einer hohen Innovationsfähigkeit einhergeht (Buchholz und Knorre 2017, S. 2). Diese wird auch durch schnellere Zyklen in der Produktentwicklung erforderlich (Hausmann 2018, S. 11). Zur Urteilsfähigkeit und fachlichen Expertise des Experten kommt nun ein relevanter Aspekt in der Zusammenarbeit zwischen agilen Teams und externen Beratern hinzu: die Qualität der Kommunikation. Hier zeigt sich, abhängig von Zuschreibungen und dem eigenen Selbstbild, die Sicherheit oder Unsicherheit des Experten, hier zeigt sich Status. Watzlawick verweist auf die Wirkung von Kommunikation über die Ungleichheit im sozialen Status (Watzlawick et al. 2000, S. 69). Ist der Experte qua definitionem im Status höher einzuschätzen? Und was hat das wiederum für eine Bedeutung für das Prinzip „Unterstützung holen"?

Hier braucht es eine Trennschärfe des Statusbegriffs: Der soziale Status ist von dem Status abzugrenzen, der sich im Verhalten zeigt, immer mit dem Wissen darum, dass der soziale Status das Statusverhalten beeinflussen kann.

In der direkten Kommunikation wirkt der körpersprachliche Ausdruck mittelbar oder unmittelbar auf das Gegenüber. Ist dieser nicht im Einklang mit der inhaltlichen Qualität der Präsentation, dann ist besondere Achtsamkeit gegenüber dem Vorgetragenen geboten. Es gelten auch hier die Grundsätze eines guten Designs: Form und Inhalt müssen sich gegenseitig befördern. Dann entfalten Dinge und Situationen ihre höchste Wirkung beim Rezipienten.

Im Folgenden wird es darum gehen, den Rahmen für praktische Trainingsmöglichkeiten (konkret im Fallbeispiel) mit Blick auf die Aspekte von Hierarchie und Kooperation zu beschreiben. Im Grundsatz geht es darum, Wahrnehmung und Flexibilität im kommunikativen Akt gleichermaßen zu trainieren und so bewusstes Verhalten zu befördern. Dabei spielen der zielgerichtete Einsatz von Stimme (linguistische und paralinguistische Zeichen), Körpersprache (Mimik, Gestik) und Proxemik eine bedeutsame Rolle. Der Einsatz von Stimme sowie der kinesischen Zeichen, Mimik, Gestik und Proxemik, wird als Ausdruck und Wirkung von Kommunikation erfahren. Bereits der Beginn einer Interaktion hält mannigfache Deutungsmöglichkeiten bereit, die auf die Beziehung der Beteiligten schließen lassen. Fischer-Lichte spricht in diesem Zusammenhang von Zeichen, mit denen „Dominanz- bzw. Submissionsverhalten aktualisiert" wird (Fischer-Lichte 2007, S. 78). Dieses Verhalten wird zumeist unbewusst in Interaktionen mit Mensch und Raum hergestellt. Hier kann sich ein souveräner Umgang mit Kommunikation ausbilden, der eigenes und fremdes Verhalten interpretieren hilft und gleichsam die vielfältigen Reaktionen darauf erprobt. Laut Weintz wird so über das Rollenspiel ein „Umgang mit der Offenheit von Situationen und Rollenerwartungen" gefördert (Weintz 2003, S. 317).

Der Begriff „Rolle" tritt in diesem Zusammenhang in einer Doppelrolle auf. Zum einen geht es darum, in der Kommunikation mit internen und externen Experten bewusst und offensiv die jeweiligen primär engagierten Teamrollen einzunehmen. Zum anderen lassen sich im Training durch die Einnahme entsprechender Rollen in Situationen zielgerichtet die notwendigen kommunikativen Kompetenzen aufbauen und weiterentwickeln. In beiden Fällen tritt der private Mensch – bewusst kommuniziert – hinter den jeweiligen Rollen zurück und kann sich fokussieren auf die Funktionen, die er in diesen Rollen ausübt. So nimmt der Mensch als Person mehrere Rollen ein, die wiederum qua ihrer Rollenfunktion unterschiedliche Bedürfnisse haben.

Flexibel und offen in der Kommunikation zu sein heißt auch, Beteiligung zu ermöglichen. Die Vielfalt der Handlungsmöglichkeiten, über den gewohnten Ausdruck hinaus, lässt eine neue Gestaltung der Kommunikationssituationen zu. Über die Reflexion wird das Zusammenspiel von innerer Haltung und Körpersprache in den Blick gerückt. Über die bewusste Rollenübernahme können so Wahrhaftigkeit und Authentizität, als essenzielle Bestandteile agilen Handelns, erfahren werden.

Flexibel auf neue Anforderungen zu reagieren wird ermöglicht, indem man den Fokus von sich selbst und einem Gesprächsziel bewusst auf das Gegenüber lenkt.

Johnstone sieht die Improvisation als eine grundsätzliche Voraussetzung für Fantasie und Kreativität. Er beschreibt in diesem Zusammenhang vielfältige Verhaltensweisen der Kommunikation, die er unter dem Begriff „Status" subsumiert. Die Wirkung dieses Kommunikationsverhaltens wird über verschiedene – auch nonverbale – Statussignale erreicht. So stellen laut Johnstone „Menschen unbewusst immer ein Statusverhältnis her, indem jeder sich in eine bestimmte Position bringt" (Johnstone 2009, S. 354 ff.). Diese Beschreibung eines Statusverhaltens bezieht sich auf das, was Menschen unbewusst tun, verkörpern, und was sich über akustische und paralinguistische Zeichen zeigt. Dementsprechend wirken die Persönlichkeitsfaktoren Extraversion und Verträglichkeit über ein Statusverhalten positiv oder negativ. Der negative Hoch- und Tiefstatus offenbart sich in Arroganz (z. B. inkongruentes Verhalten im Nonverbalen), Unnahbarkeit und Kaltherzigkeit (Neyer und Asendorpf 2018, S. 111). Die Haltung zeigt sich so über das Handeln in Kommunikation.

Primäres Ziel einer gelungenen Kommunikation sollte es sein, Statusunterschiede zu minimieren, einen Dialog zu entwickeln, indem sich die Gesprächspartner auf das Gegenüber einlassen und ihren Status flexibel angleichen. In der Übertragung auf die Interaktion mit dem Gegenüber ist es so vorrangig, sich in einem gemeinsamen Prozess auf Augenhöhe zu bewegen, mit dem Ziel, die bestmögliche Lösung zu finden. Eine Win-win-Situation. Und je mehr Kommunikation erprobt und reflektiert wird, desto eher kann man die Wirkung von Sprache und Körpersprache deuten und situativ angemessen handeln.

Es gibt nicht mehr nur „den" oder „die" Experten.
Prof. Dr. Christopher Hausmann

Fallbeispiel
Die Seminarteilnehmer haben im Laufe des Arbeitsprozesses „eine Nachahmung menschlichen Handelns als Spiel" erfahren (Ebert 1999, S. 72). Im Umgang mit Status wird hier deutlich, wie nonverbale Kommunikation wirkt. Ein Bewusst machen der Haltung, hier in Bezug auf Status, lässt die Beteiligten in unsicheren Situationen mit Sicherheit reagieren, denn „wenn man weiß, welchen Status man spielt, kommen die Antworten automatisch" (Johnstone 2004, S. 76).

Methode

1. **Erstkontakt mit Statuswirkung**
   Alle bewegen sich durch den Raum, kreuz und quer, jeder achtet auf sich und nimmt sich bewusst wahr. Dabei nach Bedarf recken, strecken, gähnen und auch gerne seufzen (vgl. Aufmerksamkeitskreise nach Stanislawski Teil II, Voraussetzungen). Nach 3–5 Minuten begrüßen sich die Akteure durch einen kurzen Blickkontakt, dann wegsehen, sofort wieder hinsehen (immer zur gleichen Person, die man sich vorab aussucht).
   Diese Umsetzung wird auf ihre Wirkung hin reflektiert. Fragestellung: Wie habt ihr euch gefühlt?

2. **Hoch- und Tiefstatus in negativer Ausprägung**
   Die Akteure gehen zu zweit zusammen und trennen sich spontan wieder, jeder geht in den entgegengesetzten Teil der Bühne. Die nun gebildeten 2 Gruppen bewegen sich nach folgender Anleitung in gegensätzlichem Status, welcher in seinen Extremen Hochstatus und Tiefstatus jeweils in der negativen Ausprägung erfahren wird.
   Der Hochstatus geht mit erhobenem Kopf und aufrechtem Gang und zielgerichtet durch den Raum. Die Atmung ist gleichmäßig, man geht selbstsicher und füllt den ganzen Raum aus. Hierbei achtet man eher nicht auf die anderen, d. h. dass man seiner Wege geht (ohne die anderen anzurempeln).
   Der Tiefstatus hält den Kopf leicht gesenkt, die Schultern hängen, die Arme sind eng am Körper bzw. werden so ausgerichtet, dass man mit beiden Händen ein Kleidungsstück festhält (unnatürlich, nicht Hände in die Hosentaschen oder Arme verschränkt).
   Jeder Status geht für sich in seinem Bühnenraum. Auf ein Zeichen des Anleitenden werden nun beide Bühnenräume geöffnet und man bewegt sich ge-

meinsam. Wichtig ist, dass der Hochstatus weiterhin unbeirrt seiner Wege geht, der Tiefstatus hingegen weicht aus und entschuldigt sich. Sollte der Tiefstatus dem Hochstatus zu nah kommen, darf dieser den anderen wegschieben.

Nach dieser Umsetzung findet ein Wechsel der Gruppen statt. Anschließend wird diese Erfahrung reflektiert und auf erste Bezüge in Alltag und Beruf hin betrachtet.

Anmerkung: Negativer Hochstatus zeigt sich inkongruent in einem dominierenden Verhalten: Der Akteur präsentiert sich nach außen sicher, ist jedoch unsicher. Negativer Tiefstatus wirkt über eine unterwürfige Haltung, man ist innen wie außen unsicher. Ein positiver Hochstatus ist kongruent in seiner Selbstsicherheit. Ein positiver Tiefstatus ist sich seiner selbst sicher und nimmt sich bewusst zurück.

3. **Stimme, Körpersprache und Proxemik im Raum gestalt- und sichtbar**
Drei bis vier Akteure treffen zu einem definierten Ereignis wie Wohnungseinweihung oder Geburtstag zusammen. Alle erhalten einen Status (A oder B), der sich über ein bestimmtes Verhalten zeigt. Ein Akteur übernimmt den gastgebenden Part. Diesem wird kein Status zugewiesen.

In der ersten Umsetzung hält A den Blickkontakt, stellt einen Fuß beim Stehen immer ein wenig nach außen und spricht lange Sätze. Wenn andere sprechen, unterbricht er diese aktiv. B stellt den Fuß beim Stehen immer ein wenig nach innen, weicht einem direkten Blickkontakt aus und lässt sich unterbrechen. Die Sprechtexte werden häufig mit Füllwörtern (äh, also, ähäm) ergänzt.

In der zweiten Umsetzung (mit neuen Akteuren) zeigt sich Status über Körperkontakt. A fasst alle ständig an, auch am Kopf, im Gesicht. B fasst hingegen sich an (Selbstberuhigungsgesten), im Nacken, an der Kleidung, im Gesicht.

Die Zuschauer benennen das Statusmerkmal. Anschließend wird die Statusübernahme der Akteure mit Blick auf Wirkung und Gesprächsverlauf reflektiert.

4. **Wechselbeziehung: Akteur und Zuschauer**
Die Akteure befinden sich nun zu zweit an einem definierten Ort, hier in einer Wohngemeinschaft. Ein Zimmer ist zu vergeben. Die Vorgaben mit Bezug auf Status wechseln, um verschiedene Interaktionsmöglichkeiten zu untersuchen:
- Beide Akteure sind im negativen Hochstatus.
- Ein Akteur ist im negativen Hochstatus, der zweite ist im negativen Tiefstatus.
- Beide Akteure sind im negativen Tiefstatus.

Es wird reflektiert, wie Status eine Situation verändert.

5. **Situation und Status**
Es wird untersucht, wie ein neuer Ort und neue Rollen auf die unterschiedlichen Statuskonstellationen wirken. Hierbei ist der Ort nun ein Café, 2 Akteure übernehmen die Rolle von Bedienung und Gast.
(Vergabe der Status wie unter 4.)

6. **Bewegen mit verschiedenen Status**
   Alle Akteure bewegen sich in verschiedenen Tempi von 1 (Zeitlupe) bis 10 (so schnell wie möglich gehen). Es wird reflektiert, wie die Geschwindigkeit im Gehen den Status beeinflusst. Diese Übung fragt nach der Selbstwahrnehmung der Akteure.
7. **Status szenisch proben**
   Zwei Akteure überlegen sich eine Situation, in der sie ihren Rollen einen „unpassenden" Status vergeben. Unpassend im Sinne einer öffentlichen Meinung über diese Person und deren Status. Beispiel: Verbrecher-Polizist, Arzt-Patient, Lehrer-Schüler, Chef-Angestellter usw. Im Anschluss wird die Szene präsentiert.
8. **Statusbruch I – Vorbereitung**
   Zwei Akteure spielen an einem definierten Ort (wird von den Zuschauern genannt) mit folgenden Vorgaben:
   Beide sind im Hochstatus und versuchen im Verlauf der Situation, im Status immer niedriger zu werden.
   Beide sind im Tiefstatus und versuchen im Verlauf der Situation, im Status immer höher zu werden.
9. **Statusbruch II**
   Zwei Akteure „kippen" im Verlauf einer Situation von einem Hochstatus in einen Tiefstatus und umgekehrt. Auslöser ist hierbei ein Impuls zum „Kippen" – dieser wird von den Zuschauern eingegeben.
   Inwieweit Eigenschaften von Personen einen Einfluss auf den Status haben bzw. welche Eigenschaften einen hohen oder tiefen Status bedingen, wird im Anschluss an diese Einheit reflektiert.
   Das beschriebene Fallbeispiel legt bewusst die Erfahrung mit einem negativen Hoch- und Tiefstatus zugrunde, um dieses Kommunikationsverhalten deutlicher wirken zu lassen. Eine Ergänzung zu diesem Verhalten wird in den Reflexionsrunden erzeugt. Unterstützend kann auf die grundlegende Literatur von Keith Johnstone verwiesen werden. Weitere Erfahrungen mit Status in seinen unterschiedlichen Ausprägungen werden unter den agilen Praktiken benannt.

Kanban-Board

Noch zu erledigen	In Bearbeitung	Erledigt
		Iteration
		Inkrement
		Einfachheit
		Veränderung
		Review
		Retrospektive
		Selbstorganisierte Teams
	Kooperation mit Experten	

Agile Praktiken
Die folgend beschriebenen Übungen trainieren Kompetenzen, die eine erfolgreiche Kommunikation, intern wie extern, befördern. Kollaboration und Vertrauen zeigen sich hier als unterstützend im Prozess.

Vertrauen ist der Garant für ein statusgleiches Miteinander, in dem sich jeder sicher fühlen kann, dass keiner der Beteiligten seine Interessen über die des Partners stellt. Dann entsteht echte Kollaboration.

Kollaboration bedeutet in diesem Zusammenhang, dass Experte und Zuhörer gemeinsam und auf Augenhöhe für das Ziel des Projekts arbeiten. Der Status, den eine Person zugesprochen bekommt, beeinflusst unmittelbar die wahrgenommene Qualität einer Information. Diese Zuschreibung wird über das Handeln mit Status in seiner Wirkung bestätigt oder in Zweifel gerückt.

> **Mentale Aufwärm- und Einstiegsübung**
>
> **Geschichte gemeinsam erfinden mit „Ja genau!"**
> Jemand beginnt beispielsweise mit einem Satz, in dem er von einem vergangenen Erlebnis berichtet: „Wisst ihr noch, als wir neulich im Team unseren

erfolgreichen Abschluss des Projektes feierten?" und eine beliebige andere Person führt fort: „Ja genau! Und wir jede einzelne Teamrolle abfeierten!"

Eine weitere Person führt fort: „Ja genau! Alle haben sich gleichermaßen ins Zeug gelegt!" Eine beliebige weitere Person: „Ja genau! Und Kevin hat immer super unterstützt, dass jeder seine Kompetenzen einbringen konnte!"

Es entsteht eine spannende Erzählsituation die kontinuierlich voranschreitet und viel Material erzeugt.

Anschließend wird die Erzählsituation reflektiert. ◄

Schwerpunkt: Vertrauen

Bewegt werden

Eine Person liegt ganz entspannt auf dem Boden, eine andere oder 2 andere bewegen den Liegenden: Hände, Arme, Beine oder rollen den ganzen Körper mit äußerster Vorsicht – der Liegende darf unter keinen Umständen so heftig bewegt werden, dass es ihm unangenehm ist oder er sich sogar weh tut.

Toter Baum

Die Gruppe stellt sich Schulter an Schulter zu einem engen Kreis zusammen, eine Person geht in die Mitte. Die Person in der Mitte schließt die Augen und lässt sich steif nach einer Seite hinfallen. Die anderen fangen die Person auf und stellen sie wieder ins Lot.

Wichtig ist, dass die Person in der Mitte „steif" steht, also nicht in den Knien einknickt.

Verkaufsgespräch mit Komplimenten

Jeweils 2 Personen spielen eine Verkaufssituation. Dabei einigen sie sich vorab über den Kaufgegenstand (Auto, Kuchen, Bluse, Schmuck, Cognac). Sie führen ein normales Kaufgespräch, um ein Gefühl für die Handlung zu bekommen. Dann erfolgt die eigentliche Aufgabenstellung.

Variante: Am Ende jedes Satzes muss ein Kompliment stehen, für das sich der andere Spieler bedankt. Dabei bleibt das Gespräch in der Verkaufssituation.

Beispiel:

A: Ich hätte gern dieses Klavier. Sie haben mich gut beraten!

B: Danke für das Kompliment! Ich glaube, sie können das auch gut einschätzen. Sie spielen ja gut Klavier.

A: Danke für das Kompliment! Ich würde es gern mit ihrem Lieferdienst bringen lassen. Sie haben ja tolle Leute! Usw. ◄

Schwerpunkt Kollaboration

Status – 2 in der gleichen Situation

Zwei Personen spielen – einer Hoch- und der andere Tiefstatus – auf Zuruf aus der Gruppe eine Situation. Die Gruppe gibt vor, wer die beiden sind und wo sie sich befinden, z. B.

- 2 Bekannte auf der Toilette,
- 2 Patienten im Wartezimmer,
- 2 Tote vor der Himmels-/Höllentür,
- Bankräuber und Kassenangestellter,
- Chef und Mitarbeiter,
- Altenpfleger und Heimbewohner.

Varianten: Die beiden Akteure haben den gleichen Status oder die beiden Akteure wechseln während der Szene langsam und fließend ihre Status. Oder 3 bzw. 5 Personen befinden sich in der gleichen Situation.

Expertenbefragung
Dreiergruppen bitten jeweils eine Person aus ihrer Gruppe aus dem Raum. Diese Person ist der erste Experte. Die beiden anderen sind Journalisten und verabreden, auf welchem Gebiet er Experte sein soll. Anschließend befragen sie ihren Experten, der natürlich nicht weiß, worin er Experte ist. Er gibt aber in souveräner Geste und mit hohem Status Auskunft.

Die Journalisten geben dem Experten durch die Art ihrer Fragen immer wieder kleine Informationsschnipsel, um die der Experte mit Worthülsen herumschwadronieren kann, wie es manchmal Politiker tun. Je mehr der Experte erfährt, umso eher kann er raten, worin er Experte ist. Die Journalisten sollten durch entsprechendes aktives Zuhören dem Experten signalisieren, wann er sich in die richtige Richtung bewegt und wann er sich von der Lösung entfernt. Anschließend Rollentausch, bis alle an der Reihe waren.

Playback – 2 Sprecher synchronisieren 2 Spieler
Zwei Personen spielen auf der Bühne eine Situation, ohne zu sprechen. Zwei weitere Personen geben den Spielern ihre Stimme.

Die Akteure auf der Bühne bewegen nur ihren Mund, wenn ihre Sprecher sprechen.

Die Gruppe gibt ein Thema vor.

Die nicht selbst sprechenden Akteure müssen natürlich synchron ihren Mund auf- und zumachen, wenn „ihre Stimme" spricht. Dies sollten sie mit übertrieben großen Mundbewegungen machen, so als ob sie einen riesengroßen Kaugummi mit weit offenem Mund kauen.

Nach den Übungen gibt es ein Feedback durch die Zuschauer. Der erforderliche Abgleich zwischen Selbst- und Fremdwahrnehmung wird mit wichtigen Aspekten zur Weiterarbeit ergänzt.

Feedback unterstützt persönliche Lernprozesse und hilft bei der Selbsteinschätzung. Es befördert die Motivation und nimmt Einfluss auf das Verhalten auf dem Weg zum Ziel.

Feedback
Als besonders hilfreich haben sich beim Feedback die folgenden Formulierungen des „2-Schritte-Feedbacks" erwiesen:
1. Schritt:
„Gut gefallen hat mir, ... [Beispiel: dass bestimmte Akteure sehr offen agierten], weil ... [Beispiel: ich dadurch gesehen habe, welches Potenzial in ihnen schlummert]."
2. Schritt:
„Ich wünsche mir für die Weiterarbeit, ... [Beispiel: dass ich auf diese Offenheit hier im Training auch im Arbeitsalltag hinweisen darf], weil ... [Beispiel: sich dann das Training bei der Arbeit auszahlt]."

Unverzichtbar für eine kontinuierliche Weiterentwicklung Einzelner und des gesamten Teams ist die Reflexion. Hierbei geht es um das Sichtbarmachen von Stärken und die tiefergehende Betrachtung eines bestimmten Aspektes in der Arbeit.

Reflexion
Hier eignen sich alle Fragestellungen, die das Ziel der Übung sichtbar machen (siehe auch Beobachtungsbögen). Grundsätzlich geeignet: Was war für mich an dieser Übung bedeutsam?

Wie könnte man die Übung weiterentwickeln, damit sie noch zielorientierter genau die Kompetenzen trainiert, die wir im Unternehmen, im Team benötigen, um noch besser arbeiten zu können?

Woher? Wohin? Was macht Sinn?
Eine Situation aus dem Arbeitsprozess wird szenisch dargestellt. Nach der Präsentation werden die Fragen ausgewertet: Was geschah vor der Situation? Was geschah im Anschluss? Die Auswertung erfolgt ebenfalls als kurze Szene. ◄

▶ Wollen agile Teams Expertenwissen für ihre Arbeit nutzen, sind sie gut beraten, wenn sie den Inhalt der Botschaften ergründen. Hierzu ist es hilfreich, sich kommunikative Kompetenzen anzueignen, die dies in optimaler Weise ermöglichen. Dazu gehört u. a., sich über die Wirkungen eines Status und Statusveränderung und die 4 Verständlichmacher einer Botschaft (vgl. Schulz-von-Thun in Kapitel 2) zu informieren und diese in praktischen Situationen zu erleben, um selbst und bewusst diese Möglichkeiten zu nutzen.

Fazit
Ziel jeder Unternehmensstrategie sollte es sein, intern Expertisen zu entwickeln, diese kontinuierlich auszubauen und langfristig im Unternehmen zu halten, statt kurzfristig externes Expertenwissen einzukaufen, wie es in unsicheren Zeiten auch zu sehen ist. So erweist sich manche Beratung im Nachhinein als rein mathematische Berechnung, deren erhoffte Wirkung nicht eintritt, weil der Faktor Mensch nicht angemessen berücksichtigt wurde. Mindestens gleichbedeutend für Erfolg sind eine gelingende Kommunikation, ein Austausch auf Augenhöhe, ohne dass echte oder vermeintliche Statusunterschiede einen offenen und ehrlichen Austausch negativ beeinflussen.

Agile Unternehmen brauchen deshalb auch die Stärkung der internen Expertisen durch Fort-, Weiterbildung, Coachings und Supervisionen. Im Fokus stehen sollten bei allen Maßnahmen zur Konstellation und Qualifizierung der Teams (Was müssen die Teams wissen? Was müssen sie können?) die persönliche Weiterentwicklung zur Förderung von Selbstsicherheit, Selbstverantwortung und Flexibilität. All das unterstützt langfristig die Entwicklung einer agilen Haltung.

Abschluss – Erfolge feiern

Menschen arbeiten zusammen und bewältigen komplexe Probleme. Prozesse, in denen ständige Veränderungen auf der Tagesordnung stehen, verlangen ihnen hohe Agilität und Flexibilität ab. Sich nicht nur ebenso ständig mit Neuem zu beschäftigen, sondern auch offen und stetig bereit zu sein dazuzulernen, ist die neue Herausforderung. Lebenslanges Lernen ist kein extrinsisch motivierendes Schlagwort mehr. Es ist notwendige Realität. Kann das neu Erlernte oder die Erweiterung bestimmter Kompetenzen zur Lösung einer Aufgabe beitragen, dann steigert diese Erfahrung automatisch die Motivation. Nichts motiviert mehr als Erfolg. Erfolg gibt Sicherheit, gut gerüstet zu sein für weitere Aufgaben in unsicheren Zeiten und Umwelten.

Die Notwendigkeit ist da, anders, agil zu handeln.

Lernfortschritte und Erfolge sollten durch ein bewusstes Innehalten auf der Basis von Selbstreflexion und Prozessanalyse (vgl. Prinzip 5 und 6) stärker geankert werden. Sie führen zu erhöhter Standfestigkeit, Resilienz, und geben Sicherheit im Umgang mit neuen Herausforderungen. Eine tief gehende Selbstwirksamkeitserfahrung steigert gleichermaßen das Selbstbewusstsein, fördert den Mut, sich auch zukünftig leichter auf scheinbar unlösbare Probleme einzulassen, und mindert die Angst vor und den Umgang mit Dilemmata.

Wie kann ein „Erfolge feiern" im beruflichen Kontext aussehen? Welche Fragen sollten dabei beantwortet werden, damit nicht die Maschinerie anläuft, die gleichen Prozesse, die in den vergangenen Prozessen erfolgreich waren, vorschnell und ungeprüft auf vermeintlich gleiche oder ähnliche Herausforderungen anzuwenden?

Brecht hat dem Risiko, das scheinbar Selbstverständliche als solches immer wieder zu rezipieren und damit Gefahr zu laufen, dass man falsch liegt, die bewusste Verfremdung des Selbstverständlichen entgegengesetzt. Selbstverständliches zu verfremden führt dazu, dass man das Gemeinte nicht mehr ad hoc versteht, sondern sich neue Mühe geben muss, es zu verstehen. Dies impliziert eine andere Herangehensweise an die eine ehemals selbstverständliche Sache oder einen Prozess, der jetzt durch geschickte Eingriffe verändert und unverständlich gemacht wurde. Mit neuer Wachheit wird nun das verfremdete Objekt betrachtet und analysiert. Dabei werden Fragen formuliert, die gewöhnlich nicht mehr an etwas Selbstverständliches gestellt werden, die notwendige Ideen für Veränderungen aufdecken bzw. generieren.

Abschluss – Erfolge feiern

Ich fand das Stück nicht schlecht. Allerdings habe ich es unter sehr ungünstigen Umständen erlebt: Der Vorhang war auf.
   Groucho Marx

Beim Feiern gibt es letztlich auch kein Richtig und kein Falsch. Es kann laut und leise sein, sich in Bravorufen oder Stille ausdrücken. Nicht weitergehen in einem, wie der Theaterregisseur Peter Brook es nennt, „Höhepunkt des Schweigens", als eine Form der gemeinsamen Anerkennung.

Der Würde des Geleisteten sollte eine Form entsprechen, die der Leistung angemessen ist. Betriebsfeste mit „schlüsselfertigen" Festansprachen der Unternehmensführung und zugekaufter Unterhaltung, die im fröhlichen Vergessen als nicht identifizierbares „Gemeinschaftserlebnis" enden, dienen bei einem solchen Verständnis von „Erfolge feiern" eher dem schnellen Ablenken einer möglicherweise als unerfreulich und unbefriedigend empfundenen Arbeitssituation.

Es braucht Gelingensbedingungen, Schritte, die von Erfolgen gekrönt werden. Agilität tangiert alle Ebenen und diese sind nicht hierarchisch. Sie erlauben eine Zuordnung, sie ermöglichen Perspektivwechsel. Diese Ebenen sind nicht trennscharf zu betrachten. Denn sie wirken aufeinander und bedingen sich gegenseitig.

In diesem Kontext von „Erfolge feiern" könnte eine Verfremdung des erlebten Prozesses genau jenen Impuls setzen, der Anschlussfähigkeit herstellt. Das Projekt ist abgeschlossen. Es lebe das Projekt. Nach dem Projekt ist vor dem Projekt. Arbeit kann damit als Work-in-progress angesehen werden. Nichts ist wirklich abgeschlossen. Alles kommt nach dem SOP (Start of Production) automatisch auf Wiedervorlage. Die Wiedervorlage kann aber nicht mit „Kenn ich schon!" abgetan werden, wenn der Vorgang verfremdet wurde.

> Die Erfolge zu feiern, ist als solches Teil der Unternehmenskultur und somit ausdrücklich erwünscht. Gelebt wird das durch selbstorganisierte individuelle Feiern einzelner Standorte oder Teams oder auch durch die Jahresstartveranstaltung in jeder Region, die exemplarisch Erfolge benennt und so würdigt (vgl. Seemüller, Agilität in der Praxis-Expertengespräche).

Im folgenden Fallbeispiel wird eine bereits häufig erprobte Möglichkeit beschrieben, einen Kulturprozess wie den Aufbau und die Weiterentwicklung agiler Haltungen der Beteiligten anzustoßen, dauerhaft zu begleiten und zu fördern. Und mehr noch: Erfolg passiert nicht einfach so, quasi von selbst. Und die Beschäftigung mit dem Erfolg bedeutet wiederum Lernen. Erfolg kann trainiert werden.

Abschluss – Erfolge feiern

Erfolg ist etwas, was Satisfaktion erzeugt. Wenn der Kunde zufrieden ist, dann ist das der Erfolg. Erfolg ist, wenn das Produkt funktioniert und Zufriedenheit und Excitement beim Kunden erzeugt, so Hausmann (vgl. Agilität in der Praxis, Experteninterviews).

> **Fallbeispiel**
> Die Wahl eines Trainings mit maximaler Beteiligung aller Akteure zeigt sich für den Auftakt einer agilen Handlungsorientierung als Mittel der Wahl. Hierbei gilt es, einen Rahmen zu schaffen, der für die Beteiligten gleichermaßen „Individualität und Kooperation" vorsieht. Dazu kann eine Präsentation des entwickelten szenischen Produkts durch die Beteiligten erfolgen. Zur Erreichung einer größeren Zielgruppe ist auch eine Kombination mit theatralen Interventionen denkbar, die darüber hinaus eine Einbindung der Zuschauer in die Darstellung vorsehen (Heindl 2007, S. 229). Es geht darum, den Zu-

schauer in die Aktivität zu bringen, indem dieser eine Position zu dem Gesehenen einnehmen kann (Brecht 1965, S. 19). Die Gleichzeitigkeit von Raum und Zeit sieht alle Beteiligten in einem Raum. Einen Schritt weiter sind auch die Menschen im Off, also alle vor, auf und hinter der Bühne, herzlich eingeladen, miteinander in den Austausch zu treten. Man bewegt sich auf dieser gemeinsamen Bühne, in ständig wechselnden Arrangements, mit maximaler Transparenz.

Eine agile Kultur fordert genau das: Entwicklung und Erfordernisse, und somit auch den Sinn des Tuns, sichtbar zu machen.

Um die vielen verschiedenen Facetten eines so umfassenden Kulturwandels darzustellen, erscheint die Auffächerung in Stationen als geeignet. In einer Art Roadshow, die in dieser Weise an mehreren Unternehmensstandorten und Abteilungen möglichst zeitnah die Belegschaft mit den neuen Erfordernissen bekannt macht, und dies maximal transparent, maximal partizipativ, maximal motivierend.

Eine Stationen-Roadshow bindet die Beteiligten in möglichst viele Aktionen aktiv ein, die sie unmittelbar erleben lassen, um welche Fokusfragen es zukünftig gehen wird.

Die Impulse der im Raum aufgebauten verschiedenen Stationen, die jeweils von Mitarbeitern des Unternehmens betreut werden und die die Animation übernehmen, fördern in spielerisch-entspannter Weise den Austausch über alle Hierarchieebenen untereinander. Sie geben Anstöße zu Aktionen, zu Reflexionen und zur Auseinandersetzung. Jedem wird Verantwortung übertragen und jeder übernimmt in gleicher Weise Verantwortung für eine gelungene Präsentation und eine inspirierende Darstellung des Geleisteten, des Erfolgs (Dittrich-Brauner et al. 2013, S. 169 ff.).

Der Regisseur ist der, der die Lampe hält.
Peter Brook

Nichts darf unter den Teppich gekehrt werden. Alles kommt zur Sprache. Elemente wie World Café und andere Open-Space-Formate werden kreativ in die Roadshow eingebunden und genutzt, um eine maximal transparente Kommunikation im Unternehmen zu ermöglichen.

Die Form der Roadshow enthält aufgrund ihrer Anlage und Zielrichtung auch ein Element der Bestätigung: „Was können wir alles schon?" Diese Bewusstmachung steigert quasi automatisch die Motivation. Sprechen z. B. Mitarbeiter über die Einführung agiler Praktiken in ihren Bereichen und welche Erfolge sie damit erreichen, dann wirkt diese Selbstauskunft über ihre Selbstwirksamkeit, wenn sie entsprechend engagiert vorgetragen wird, inspirierend und anstecken auch auf die Kollegen. Aus diesem Grund ist es hilfreich, wenn möglichst wenig externe Experten die Stationen leiten, sondern Mitarbeiter des Unternehmens und Kunden. Das erhöht die Identifikation. Das erleichtert die Zusammenarbeit und die interne Vernetzung.

Viele spielerische und theatrale Elemente und Momente ermöglichen es, dieses Format in einfacher Weise zu nutzen, um Erfolge zu feiern und in das Unternehmen hinein zu kommunizieren (Dittrich-Brauner et al. 2013, S. 169 ff.). Es zeigt sich die Erkenntnis: Agilität kann in vielen Bereichen den wirtschaftlichen Erfolg und die persönliche Sinnstiftung fördern.

Dieses Vorgehen wird in der Karikatur dieses Abschnitts im Format einer Roadshow illustriert und visualisiert mit dem nötigen Augenzwinkern, wie erste Erfolge in einer Abteilung gefeiert und gleichzeitig anspornend in das Unternehmen hinein wirkungsvoll kommuniziert werden können. **Unternehmensangehörige als Präsentatoren sind Multiplikatoren. Selbstmotivation wird sichtbar.**

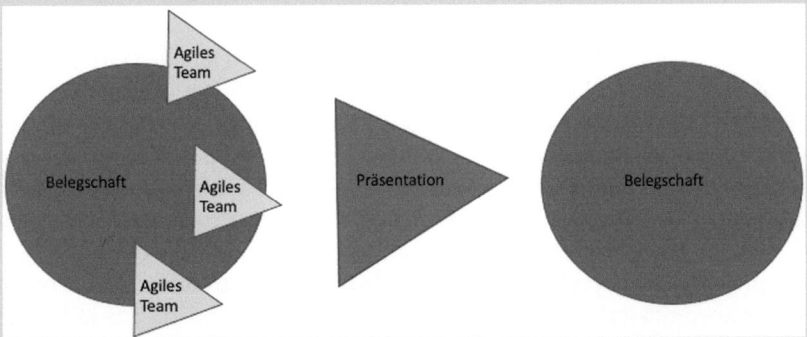

Die Teilnehmer einer Projektgruppe wirken meist als Multiplikatoren. Diese Wirkung kann erheblich verstärkt werden durch eine kreative Präsentation der Sachverhalte, in der spontan auf Fragen von Anwesenden eingegangen werden kann. Die Aktivierung von Publikum und die Animation, spontan mitzumachen, ist ein wesentlicher Bestanteil dieser Präsentationsform, die maximale Partizipation ermöglicht. Hierbei entfalten darstellende Spielformen und auch in solchen Kontexten nicht vermutete Spielformen wie Puppen- oder Maskentheater besondere Wirkungen. Darüber hinaus haben die ungewohnten ästhetischen Formen (spielerische und theatrale Elemente) einen höheren Anmutungscharakter als die bekannten Methoden der Präsentation mit Flipchart und Overheadprojektor oder Filmeinspielern. Man erlebt inmitten positiver Emotionen die Gleichzeitigkeit von Raum und Zeit. Das Präsentierte ermöglicht darüber hinaus Identifikation mit dem Thema, der Abteilung, der Organisation. Das sich dieses Erlebnis als Auftakt zum lebendigen Dialog fortpflanzt, ist wiederum Aufgabe der Führungsebene, die den notwendigen Rahmen setzt.

▶ Die Implementierung von Agilität im Unternehmen ist ein anspruchsvoller Kulturprozess, der tendenziell alle Bereiche eines Unternehmens betrifft. Es gibt Bereiche, die Projekte agil umsetzen, und Bereiche, die mit klassischen Projektmanagementmodellen wie dem Wasserfallmodell arbeiten, ebenso kommen hybride Projekte zur Anwendung. Eine agile Haltung ist für alle Vorgehensweisen sinnhaft und gewinnbringend. Insofern ist es nützlich, dass parallel zu agilen Interventionsformen und allem voran dem Wollen auf oberster Ebene erste positive Erfahrungen mit Agilität schnell in das gesamte Unternehmen kommuniziert werden. Ob in agilen Workshops oder in Großgruppenverfahren: Es gilt immer wieder, allen Beteiligte für eine gewisse Zeit einen gemeinsamen Raum zu geben, im wahrhaftigen Sinne.

Fazit
Sinnvoll ist es, dass die Gruppe, die einen Erfolg zu feiern hat, den Grund der Feier möglichst wertschätzend in den Fokus holt und die Beteiligten würdigt. Ein „Same-procedure-as-last-year" mit standardisierten Reden und Urkundenvergabe durch Anwesende, die im Prozess kaum eine Rolle spielten, wird dem nicht gerecht. Es gilt, die Beteiligten und den Grund des Feierns durch kreative Gestaltungen in den Mittelpunkt zu stellen und damit der Reflexionsebene der Prozessanalyse (vgl. Prinzip 6) eine angemessene emotionale Grundlage zu verschaffen, die Basis für eine weitere erfolgreiche Arbeit ist. Für den Einzelnen gilt es, so motiviert, stetig an der eigenen Weiterentwicklung zu arbeiten. Hierzu ist die Reflexion des individuellen Denkens, Fühlens und Handelns notwendig, die den Menschen befähigt, sich seiner selbst sicher zu sein, sich seiner selbst sicher zu handeln.

Agilität in der Praxis – Expertengespräche

In Gesprächen erläutern Experten aus der Praxis Chancen und Grenzen einer agilen Entwicklung. Auf der Mikroebene des Menschen werden diese durch den Psychotherapeuten Bruno Hoeller betrachtet. Wie sich Agilität in Organisationen zeigt, implementiert und gelebt werden kann, wird durch Gertrud Seemüller (Hilti AG) und Dr. Michael Fahl (Postbank Systems AG) auf der Mesoebene ausgeführt. Ein Blick auf die Makroebene, die gesellschaftliche Bedeutung von Agilität, beschließt mit Prof. Dr. Christopher Hausmann die Expertenrunde.

Bruno Hoeller (psychologischer Psychotherapeut in eigener Praxis, Psychodramatherapeut, Theaterpädagoge BuT®)

Sie begegnen als psychologischer Psychotherapeut in Ihrer Praxis täglich den menschlichen Herausforderungen. „Das einzig Beständige ist der Wandel" ist nur ein Ausdruck für unsere digitalisierte, globalisierte und schnelllebige Zeit. Inwieweit hat diese Entwicklung Einfluss auf die Psyche des Menschen und was beobachten Sie an besonderen Herausforderungen?

Der Mensch bewegt sich in seinem Handeln, Denken und Fühlen stets in einem Spannungsfeld zwischen Sicherheit und Abenteuer. Es zeigen sich Polaritäten zwischen dem Wunsch nach Wandel und dem Festhalten an Bewährtem. In diesem Spannungsfeld sind Menschen aufgrund von genetischen, biografischen und situativ geprägten Persönlichkeitsanteilen unterschiedlich aufgestellt und unterwegs. Mit der sich rasch verändernden Welt gehen viele Sicherheiten, die der Mensch sich geschaffen hat, verloren. Die Welt verändert sich rasend. Sie wird komplexer. Stichwort VUCA.

In meiner Praxis als Psychotherapeut begegne ich eher den Menschen, die mit diesen Veränderungen nicht klarkommen. Oft erleben die Patienten die Anforderungen an ihre Wandlungsfähigkeit einseitig als Anpassung ihres Lebens an die Bedürfnisse ihres Arbeitgebers. Sie fühlen sich als Subjekt nicht mehr gesehen. Diese Botschaften werden sehr persönlich genommen und vor dem Hintergrund eines zum Beispiel mangelnden Selbstwertes negativ verarbeitet. Manche halten fest, häufig zu lange. Gründe hierfür können mangelnde Alternativen auf dem Arbeitsmarkt (Realität) sein, aber auch eine geringe innerliche Flexibilität. Des Weiteren berührt diese Frage eine innere Polarität zwischen einem eigenen Standpunkt und der Fähigkeit, sich anzupassen. Wer ist besser aufgestellt, wenn der Wind des Wandels weht, die Eiche oder der Bambus? Man könnte auch sagen, hier ist die grundlegende Achse zwischen Egoismus und Altruismus betroffen. Was ist für mich wirklich wichtig und notwendig und was bin ich bereit anderen zu geben, um mich deren Bedürfnissen anzupassen? Als gesunder Mensch muss ich zu beidem fähig sein.

Sie verwenden auch kreative Methoden und Interventionen in Ihren Sitzungen. Das ist möglich, da Sie auch ausgebildeter Psychodramatherapeut und studierter Theaterpädagoge sind. Wie werten Sie den Einsatz theatraler Methoden, um die Veränderungsfähigkeit der Menschen zu unterstützten?

Psychodrama hat immer das Ziel, einen Patienten in sein Erleben zu bringen. Worte, vor allem die richtigen, können in der Therapie sehr viel bewirken, manchmal sind sie aber auch sehr leicht flüchtig, gehen wieder verloren. Indem der Patient etwas auf die Bühne bringt, versuche ich die Intervention bezüglich seines Erlebens – natürlich immer im Hinblick auf seine Entwicklung zur Gesundung hin – intensiver zu machen. Was meint das konkret?

Der Patient geht in einen Rollentausch mit einem Vorgesetzten, über den er sich täglich ärgert. Über diesen Perspektivwechsel besteht die Chance, das angekratzte Selbstwertgefühl („Der hält mich für eine Niete und eigentlich tue ich das auch") zu bearbeiten. Der Patient kann im Rollentausch erleben, dass die tägliche Übellaunigkeit des Vorgesetzten nicht in mangelnder Wertschätzung begründet ist. Die eigene Zuschreibung von Ursache und Wirkung muss also korrigiert werden.

Oder Patienten, die sich noch nicht trauen, sich auf der psychotherapeutischen Bühne zu bewegen, bekommen von mir ihre Problemgeschichte vorgespielt, im Sinne eines sehr reduzierten Playbacktheaters. Manchmal überzeichne ich hier absichtlich. Dann greifen die Patienten ein und sagen: „Nein, so ist das nicht ganz." Das ist der Punkt, an dem der Patient zum Regisseur wird, sein Problem selbst in die Hand nimmt. Die Arbeit mit theatralen Mitteln ist immer auch ein körperliches Erleben. Und das hat eine tiefere Dimension.

Oder schauen wir auf die Arbeit mit traumatisierten Patienten. Das dazugehörige Störungsbild, posttraumatische Belastungsstörung (PTBS), nimmt aktuell im ambulanten und klinischen Setting aufgrund von Flucht, Vertreibung, Krieg und zunehmender (sexueller) Gewalt stetig zu.

Traumatisierte Menschen haben Angst vor tiefen Gefühlen, vor ihren Emotionen, weil sie fürchten, die Kontrolle darüber zu verlieren. Mit der Wahrnehmung ihrer Gefühle kehren auch die Gefühle des Traumas zurück. Ihre Gefühle sind mit der Traumatisierung eingefroren, sie versuchen zu vergessen und zu verbergen, wie verängstigt, wütend oder hilflos sie sind. Zu erlernen, wie man tiefe Emotionen erlebt und erträgt, ist unverzichtbar, wenn man vom Trauma genesen will, schreibt van der Kolk (Kolk 2016). Als medizinischer Direktor des Trauma Center in Brookline, Massachusetts/USA, und als Psychiatrieprofessor an der Boston University gehört er weltweit zu den führenden Traumatherapeuten und -forschern. Da der „Schrecken des Traumas verkörpert ist", bedarf es auch in der Therapie körperbezogener Interventionen. Neben anderen Körpertherapieformen spielt auch für ihn die Theatertherapie eine entscheidende Rolle.

In der Theatertherapie, dem Schauspielen, dem „So-tun-als-ob", kann sich der Patient wieder seinen Gefühlen annähern. Im Theaterspiel – gerade auch in den klassischen Dramen der Antike oder Shakespeares – findet eine Konfrontation mit den realen Gegebenheiten der menschlichen Existenz und den damit verbundenen Gefühlen statt. Als Spieler in diesen Stücken habe ich in der Figur die Möglichkeit, etwas auszudrücken, was nach dem Trauma unaussprechlich geworden ist, und doch bin nicht ich es, der spricht. Nach dem Spiel kann ich wieder zu mir selbst zurückkehren, auch meine Gefühle wieder abspalten, einfrieren, mich schützen (Kolk 2016). Hierüber wird eine dosierte Annäherung möglich. Die Bühne versteht Nüchter (Nüchter 2008) hierbei als geschützten Raum, der die Erlaubnis und Freiheit gibt, Grenzen zu überschreiten oder Grenzen zu finden, ohne sich oder den Boden der Realität zu verlieren. Auf ihr kann sich der Patient im geschützten (Bühnen)raum erproben. Diese Arbeit sollte sehr kleinschrittig erfolgen. Dies bedarf jedoch intensiver Vorbereitungsarbeit in den Warming-ups, da diesen Menschen einfache Dinge, wie zum Beispiel Blickkontakt zu halten, schwerfallen. Am Trauma Center in Brooklyn wird daher sehr viel mit Spiegelübungen gearbeitet. Das Spiegeln verringert den Drang der Patienten, sich manisch damit zu beschäftigen, was andere Menschen über sie denken, und hilft ihnen, sich viszeral, statt nur kognitiv, auf den anderen und dessen Erleben einzulassen (Kolk 2016). Viszeral meint hier, sich über den Körper einzulassen, denn wer Angst hat, zittert, wer wütend ist, dessen Gesicht läuft rot an, wer überrascht ist, hält die Luft an, wer fröhlich ist, lacht, usw. Dabei ist die Aufgabe des Regisseurs ebenso wie die jedes Therapeuten, Abläufe so zu verlangsamen, dass die Schauspieler eine Beziehung zu sich selbst inklusive ihres Körpers aufbauen. „Theaterarbeit ist eine einzigartige Möglichkeit, sämtliche Emotionen und Körperempfindungen zu erschließen" (Kolk 2016). Allen theatertherapeutischen Programmen ist – trotz unterschiedlicher Methodik und Herangehensweise – nach van der Kolk eines gemeinsam: die Konfrontation mit den schmerzhaften Realitäten des Lebens sowie die symbolische Transformation dieser durch gemeinsames Handeln.

Denn Liebe und Hass, Aggression und Hingabe, Loyalität und Verrat sind der Stoff des Theaters und des Traumas.

Gibt es einen Zusammenhang zwischen Agilität und Resilienz? Welche Wirkung hat ein agiles Mindset auf die Psyche des Menschen?

Agil kommt vom lateinischen Adjektiv agilis (gewandt, flink, wendig) und in ihm steckt das lateinische Verb agere (tun, agieren), also jemand, der wendig handelt. Jemand, der einen angemessenen Kompromiss findet zwischen seinen eigenen Bedürfnissen und den Anforderungen seiner Umwelt. Resilienz kommt aus dem Lateinischen resilire (zurückspringen, abprallen) und bedeutet psychische Widerstandsfähigkeit. Hierunter versteht man die Fähigkeit, Krisen zu bewältigen und sie durch Rückgriff auf persönliche und sozial vermittelte Ressourcen als Anlass für Entwicklungen zu nutzen. Also Krisen als Chancen zu begreifen. Die 7 Säulen der Resilienz zeigen sich in Optimismus, Akzeptanz, Lösungsorientierung, im Verlassen der Opferrolle, in der Übernahme von Verantwortung, in Netzwerkorientierung und Zukunftsplanung.

Faktoren, die Resilienz beeinflussen, sind Armut, Familie (Bildung, Berufstätigkeit der Eltern, Vollständigkeit der Familie), Migration, Religion oder andere Faktoren starker ideologischer Verbundenheit sowie die Genetik.

Ich bin überzeugt, dass ein agiles Mindset einer Familie oder einer Organisationskultur die Resilienz stärkt, ein Teil von ihr ist. Hierzu gehört es zum Beispiel, Ungewissheit zuzulassen, Glaubenssätze zu hinterfragen und sich Stück für Stück der konkreten Lösung für vorhandene Probleme anzunähern. Dazu gehört auch der Aufbau einer Lernkultur, in der Fehler toleriert werden.

Kann Ihrer Meinung nach jeder Mensch agil werden oder gibt es persönliche Voraussetzungen oder auch Grenzen?

Agilität kann, wie auch Resilienz, erlernt oder entwickelt werden, sonst würde ja auch Psychotherapie nicht funktionieren. Aber es gibt auch Grenzen – genetische, biografische, situative.

Ein Beispiel hierfür ist, mit Blick auf die Genetik, die Hochsensibilität, also leicht irritierbar durch die Dinge im Außen zu sein, was auch wieder auf die Flexibilität wirkt. Ebenso ist für Menschen mit einer eingeschränkten sozialen Wahrnehmung, wie Autismus, ein agiles Verhalten eher schwer erlernbar. Biografisch betrachtet sind zwanghafte Familien, die ein Schwarz-Weiß-Denken leben, kein guter Nährboden für eine agile Entwicklung.

In der situativen Betrachtung stellt Agilität für all jene, die arm oder schlecht ausgebildet sind und beruflich wenig bis keine Alternativen haben, eine besondere Herausforderung dar.

Es gibt auch Gefahren für den Einzelnen: Menschen mit einer stark erhöhten Anpassungsbereitschaft und geringer Ichstärke können sich im Agilen noch mehr selbst verlieren. Insbesondere, wenn sie Agilität als Aufforderung verstehen, eigene Standpunkte (die ja kaum vorhanden sind) noch mehr in Frage zu stellen.

Was ist für Sie ein Erfolg in der agilen Entwicklung? Wie wird dieser gewürdigt?

Ein agiler Erfolg ist ein Win-win für alle Beteiligten. Wenn Unternehmen ihre Mitarbeiter als Subjekte sehen, deren Würde sie achten, und die Menschen nicht zur immerwährenden Anpassung zwingen, um in den sich ständig verändernden Märkten überleben zu können. Und wenn die Mitarbeiter begreifen, dass Veränderungen immer auch Chancen darstellen, an denen sie selbst wachsen können.

Der Mensch sollte seine Erfolge im Rahmen der Firmenkultur, im Team und individuell würdigen, indem er seine persönlichen agilen „Meisterstücke" betrachtet, in Mitarbeitergesprächen oder auch in Phasen der Selbstreflexion, in denen er bewusst auf sich schaut und sich so mit seinen Stärken sieht.

Eine Antwort auf eine Frage, die nicht gestellt wurde:

Agiles Handeln ist notwendig. Es wird immer weniger möglich, die Welt in Schwarz und Weiß einzuteilen. Und wir müssen uns diesem Wandel stellen, immer mit dem notwendigen Blick darauf, dass ein Grundbedürfnis des Menschen auch das nach Sicherheit ist.

Gertrud Seemüller (Teamleader Management Development, Hilti Deutschland AG)

Aktuelle Studien besagen, dass in den nächsten Jahren der Bedarf in den Bereichen Mitarbeiter- und Kompetenzmanagement weiter steigen wird.
Wie sieht für Sie die Personalentwicklung der Zukunft aus?
Wo sehen Sie hier die wichtigste Aufgabe?

Zukünftig wird es immer mehr um andere Kompetenzen gehen als um reines Fachwissen. Die PE hat so die Aufgabe, Soft Skills auf- und auszubauen und in diesem Kontext Ressourcen zu nutzen, die neu ins Unternehmen kommen oder bereits im Unternehmen sind. Es wird weniger um Wissensvermittlung gehen als darum, vorhandene Potenziale nutzbar zu machen.

Der Mitarbeiter muss natürlich auch die Strategie des Unternehmens kennen und das Wissen umsetzen, was es im Tagesgeschäft braucht. Die Personalentwicklung stellt im Prozess einer Wissensaneignung sicher, dass dieses für die diversen Aufgabenbereiche generiert, verfestigt und angewendet wird. Neben der erforderlichen Fach-, Methoden- und Umsetzungskompetenz werden darüber hinaus Handlungsfelder wie Teamentwicklung und Konfliktmanagement immer bedeutsamer. Und das Ganze gilt es dann adäquat in den Berufsalltag zu transferieren. Die Führungskräfte haben hierbei u. a. die Aufgabe, Mitarbeiter in Changemanagementprozessen zu begleiten. In diesen Veränderungsprozessen ist Flexibilität von großer Bedeutung, um auch in herausfordernden Situationen entscheidungsfähig zu sein. Das betrifft im Besonderen den differenzierten Umgang mit den Menschen, die es situativ zu führen gilt. Es geht darum, Neues mit dem Bewährten auf allen Ebenen zu verzahnen. Das wiederum ermöglicht ein Voneinander-Lernen, eine Bewegung auf Augenhöhe.

Die Gestaltung der weichen Faktoren wird zunehmend zum strategischen Cast für die Unternehmen – so Prof. Dr. Heike Bruch und Till R. Lohmann im Rahmen

einer Studie der Universität St. Gallen aus dem Jahr 2019. Umfragen zufolge ist Experimentierfreudigkeit die Kompetenz, die zukünftig am meisten benötigt wird.
Wie schätzen Sie das ein?

Schnelllebige Zeiten lassen keine Pläne zu, die bis zum Ende bereits formuliert sein können. Es braucht so eine Experimentierfreudigkeit im Umgang mit der Unsicherheit im Außen. Das wiederum erfordert ein Umfeld, das ein mutiges Probieren zulässt. Kreativität ist das Stichwort. Die Digitalisierung verändert die Arbeitswelt, einige Aufgaben werden zukünftig auch wegfallen. Doch was nicht digitalisierbar ist, das ist die Kreativität der Menschen. Die Kreativität zu fördern, ist meiner Ansicht nach die wichtigste Aufgabe für Organisationen in der Zukunft. Wenn der Mensch individuell und kreativ mitgestalten kann, fördert das die Verantwortung des Einzelnen. Das wiederum steigert die Motivation, Aufgaben umzusetzen und hat somit auch Auswirkungen auf die Schnelligkeit von Prozessen. Dieser kreativitätsfördernde Freiraum in der Gestaltung hat darüber hinaus einen Effekt auf die Mitarbeiterbindung.

In der bereits erwähnten Studie nutzen Personaler aus bereits überdurchschnittlich erfolgreichen Unternehmen (Top Performers) das Selbstmanagement der MA, das in flexiblen Strukturen gelebt werden kann. Hier wird die Nutzung agiler Methoden als ein notwendiger Baustein einer zukunftsfähigen oder auch starken Unternehmenskultur gesehen.
Welche Rolle spielt für Sie Agilität im beruflichen Kontext?
Was bedeutet eine agile Kultur für Sie?

Der Konzern befindet sich in einem Sales-Umfeld, das den Kunden in den Mittelpunkt aller Entscheidungen sieht. Hier ist Agilität stark gefragt und wird auch so kommuniziert, sowohl im Umgang mit dem Kunden als auch im Umgang mit den Themen, die dort benötigt werden: Die Bedürfnisse des Kunden aufzugreifen und diese in einem gegebenen Rahmen umzusetzen. Der Rahmen ist definiert – das Bild entsteht gemeinsam mit dem Kunden. Agil. Das Bild muss dem Kunden gefallen. Es braucht also beides: eine grobe Richtlinie, eine transparente Strategie und Vision sowie eine hohe Agilität. Für traditionelle Unternehmen geht es auch darum, Bewährtes zu erhalten und gleichermaßen Agilität zu leben. Das wird die Herausforderung der Zukunft sein.

Agiles Verhalten zeigt sich darin, situativ zu agieren und gemeinsame Lösungen mit, für und auch durch den Kunden zu entwickeln. Im Grundsatz: Die Haltung der Menschen, das Umfeld, das die Organisation und auch die Gesellschaft bietet, wirken aufeinander. Hier ist auf allen Ebenen Agilität gefragt. Für den Mitarbeiter wird es immer wichtiger sein, selbstverantwortlich und auch selbstorganisiert zu handeln, zu kommunizieren. Das wiederum wird durch ein vertrauensvolles Umfeld ermöglicht, das eine Fehlerkultur lebt und so mutiges Handeln fördert.

Sie nehmen derzeit an einer Weiterbildung teil, die Ihnen Werkzeuge zum Einsatz handlungsorientierter Methoden, konkret mit Theater- und Schauspieltechniken, vermittelt – immer auch mit dem Blick auf Agilität.
Wie können die vertieften oder frisch erworbenen Kompetenzen durch diese Weiterbildung im Konzern verortet werden?

Die Methoden im Rahmen von Trainings zu verorten bietet den Menschen, in meinem Fall konkret den Führungskräften, die Möglichkeit, neue Handlungsoptionen zu erfahren und somit in die Selbstreflexion zu gehen. Diese neuen Erfahrungen können auch unbewusste Bedarfe sichtbar machen. Das alles unterstützt darin, sich selbst sicherer zu werden.

Die Probe im geschützten Bühnenraum fördert Handlungssicherheit, indem das eigene Verhalten bewusst gemacht wird. Der Einzelne erkennt: Ich habe verschiedene Optionen und kann auf meine, nun spürbar gewordenen, Ressourcen zurückgreifen. Das ist für jeden Bereich im Konzern wichtig.

Und hier wird ein Handlungsspielraum gestellt, der das neu Erfahrene in den Berufsalltag transferieren lässt. Die Angst vor dem Unbekannten, wie zum Beispiel in Changeprozessen, kann nun einer Sicherheit im Umgang mit dem Unbekannten begegnen. Die Veränderung auf allen Ebenen, im Innen wie im Außen, kann als Alltag begriffen und so auch zugelassen werden.

Was ist für Sie ein Erfolg in der agilen Entwicklung? Und wie wird dieser gewürdigt?

Ein agiler Erfolg ist: Agilität wird im Konzern als Teil der Kultur verstanden und ist auch nach außen hin spürbar. Auch ohne eine klare Messbarkeit dieser Entwicklung wird diese gewünschte Haltung über Erfahrungslernen gefördert. Die Wirkung spricht für sich. Festgestellt werden diese Erfolge über Evaluationsinstrumente mit Mitarbeitern und Kunden sowie Reflexionen. Die Ergebnisse werden zur kontinuierlichen Weiterentwicklung genutzt.

Erfolge zu feiern ist als solches Teil der Unternehmenskultur und somit ausdrücklich erwünscht. Gelebt wir das durch selbstorganisierte individuelle Feiern einzelner Standorte oder Teams oder auch durch die Jahresstartveranstaltung in jeder Region, die exemplarisch Erfolge benennt und so würdigt.

Eine Antwort auf eine Frage, die nicht gestellt wurde:
Und wie macht man das alles?
Dranbleiben! Nicht aufgeben!

Dr. Michael Fahl (Mathematiker, Postbank Systems AG)

Als Peoplemanager im Anwendungsentwicklungskontext der IT verantworten Sie u. a. die Professionalisierung der Menschen in einem sehr dynamischen Umfeld. Was braucht es, dass der/die Einzelne/n im agilen Kontext erfolgreich sein kann/können?

Das dynamische Umfeld stellt in meinem aktuell relevanten Kontext, die folgenden wesentlichen Fragen: „Quo vadis Bankgeschäft? Wohin geht die Reise? Was ist das Spiegelprodukt bei einer Bank à la „WhatsApp"-Produkt?"

Agil sein zu wollen, ist für eine Bank im Zeitalter der Digitalisierung ebenfalls, wie auch für andere Industrien, essenziell, um in der Zukunft erfolgreich zu sein.

Die Transformation hat begonnen und rund um die agil arbeiteten Teams ist ein positiver Spirit wahrnehmbar. Solche Teams brauchen vor allem einen „Rahmen", in dem sie selbst entscheiden, selbstorganisiert, also agil werden und sein dürfen.

Das bedeutet für die Organisation, dass grundsätzliche Veränderungen notwendig sind bis hin zu mehr Netzwerkorganisation/Holacracy.

Wesentlich dabei ist, Führungskräfte in den Entscheidungsebenen zu haben, die das wirklich wollen. Wenn klassische Projektpläne fehlen, größere Freiheitsgrade in den Teams für Entscheidungen vorhanden sind, gut eingeübte Kontrollmechanismen wegfallen, dann entstehen insbesondere Widerstände bei Führungskräften, die ein Umdenken erforderlich machen.

Eine Führungskraft sollte sich also grundsätzlich mit dem Thema agile Haltung auseinandersetzen und die eigenen Widerstände reflektieren.

Für den einzelnen MA kommt das Interesse und das Agil-sein-Wollen oft, wenn es bei Kollegen beobachtbar und das Wollen der Führung im Arbeitsalltag wahrnehmbar wird.

Bei einer agilen Transformation beginne ich deshalb am besten mit denen, die das möchten. Der Erfolg dieser Teams strahlt aus und motiviert wieder andere. Ein Einstellung à la „Wir probieren das einfach auch" zu erreichen, bringt die Menschen und die Veränderung in Bewegung.

Das Fundament bilden Tools, Methoden und ein agiles Vokabular. Parallel bedarf es Schulungen, in denen die Teams u. a. lernen, sich als Team zu reflektieren.

Um erfolgreich „agil zu transformieren", braucht es zudem eine Menge Disziplin, Regeln und professionelle Begleitung, um sich leichter von alten Mustern verabschieden zu können. Nachhaltigkeit wird nur erreicht, wenn ein Sinn im neuen Handeln erkannt wird.

Wie sieht der Befähigungsprozess aus? Wie unterscheiden Sie hier agile Techniken wie Scrum und eine agile Haltung? Was sind die Gelingensbedingungen für ein erfolgreiches agiles Team?

Mit Blick auf die Gelingensbedingungen gibt es 3 wesentliche Fragen, die in einem agilen Team fortlaufend zu klären sind: Wie entscheiden wir? Wie arbeiten wir zusammen? Wie ist unsere Kommunikation (innerhalb des Teams und nach außen)? Das führt maßgeblich zur Befähigung des Teams als solches.

Die wichtigste Grundbefähigung des Einzelnen ist die Fähigkeit zur gemeinsamen Reflexion, die im Team über die Zeit gelernt werden muss. Zum Beispiel via der Frage: „Wie arbeiten wir zusammen?" fragt sich ein erfolgreiches agiles Team regelmäßig: „Wir arbeiten gut zusammen, aber: Wie können wir noch besser zusammenarbeiten?"

Es wird implizit damit auch geklärt, wer welche Inhalte verantwortet. Der inhaltlich Fähigste übernimmt in der Regel die Verantwortung. Dies gilt es aber zu klären, um das Potenzial des Teams zu nutzen und kein Thema unbesetzt zu lassen (auch nicht die unbeliebten Themen).

Analoges gilt für das Thema Kommunikation und Entscheidung. Es braucht die Bereitschaft des Einzelnen, Entscheidungen selbst zu treffen, sie zu verantworten, mitzutragen und umzusetzen. Hier gibt es keine Möglichkeit mehr des Versteckens hinter einem Entscheider, der dann im Falle des Scheiterns die Schuld trägt.

Technik und Haltung sind unterschiedliche Kategorien, der Unterschied ist evident.

Was braucht es noch unbedingt:

- Menschen, die open minded sind,
- bidirektionales Vertrauen des Managements in die Mitarbeiter und umgekehrt,
- eine Fehlertoleranzkultur,
- positive Einstellung mit der A-priori-Annahme: Jeder handelt mit bester Absicht,
- Fähigkeit zur Multiperspektive.

Einem agilen Team ist die Selbstorganisation immanent. Bedeutet das für Sie eine Veränderung ihres Führungsverständnisses?

Für jeden, der Menschen führen möchte, gelten die 4 M: „**M**an **m**uss **M**enschen **m**ögen." Mag man Menschen nicht, dann sollte man keinen Führungsanspruch erheben.

Zudem gilt es die Konsequenzen aus „Führung von Menschen ist komplex" zu akzeptieren. Es gibt eben nicht eine Menge von Mitarbeitermessparametern, die kontrolliert werden können und aus denen man deren Führung ableitet. Führung ist zirkulär.

Was bedeutet das nun in der Kombination mit agilen Teams?

Die grundlegenden Gedanken dazu sind nicht neu. Bereits Friedrich der Große bezeichnete sich als erster Diener des Staates, Anselm von Grün spricht von der Demut des Managers.

Hilfreich für Führungskräfte im agilen Kontext ist die Orientierung an dem Modell des Servant Leadership.

Eine erfolgreiche Führungskraft „dient" dem Team, indem sie ihm hilft, sich zu fokussieren, Themen moderiert, Einzelne und Teams coacht, klärt, wie kommuniziert, entschieden und kooperiert wird. Sie räumt Hindernisse aus dem Weg, damit das Team gut arbeiten kann, hört aktiv zu und überzeugt durch Argumente und nicht durch die Position in einer Hierarchie. Sie nimmt sich Zeit und gibt Zeit, damit Kontemplation stattfinden kann. Eine Führungskraft lässt Teams zu Teams werden und wird scheinbar überflüssig.

Das wichtigste Resultat, welches sich durch die konkreten Umsetzungen der genannten Aspekte einer dienenden Führung ergibt, ist: Das agile Team ist erfolgreich und damit ist es auch die Führungskraft.

Für wie notwendig erachten Sie eine agile Haltung und damit auch agile Prozesse quer durch die gesamte Organisation, um mit der eigenen Organisationseinheit erfolgreich agile Projekte umsetzen zu können?

Das ist kurz und einfach zu beantworten: Eine agile Haltung ist grundlegend notwendig. Das ist relevant auf allen Ebenen und in allen Einheiten. Je umfangreicher die Haltung verbreitet ist, desto einfacher und widerspruchsfreier sind die Schnittstellen zwischen den Organisationseinheiten, denn auch selbstorganisierte Einheiten sind im Unternehmenskontext nicht autonom.

Was ist für Sie ein Erfolg in der agilen Entwicklung? Und wie wird dieser gewürdigt?

Es gilt generell, Erfolge, ob groß oder klein, in die Organisation zu kommunizieren und transparent zu machen: „Tue Gutes und rede darüber." Erfolg motiviert das Team, und Nachmachen ist ausdrücklich erlaubt.

Erfolg bedeutet insbesondere, dass die Menschen Freude am agilen Arbeiten verspüren, in den Flow kommen. Emergenz wird beobachtbar in den Teams: Es entstehen neue Zusammenarbeitsvarianten, neue Strukturen. Vermehrt entstehen Innovationen als Zeichen des Erfolgs.

Würdigungen werden oft individuell umgesetzt und sind von der jeweiligen Führungskraft abhängig. Darüber hinaus ist die Vergabe von agilen Awards eine gute Idee, und Teilnahmemöglichkeiten an Fortbildungen und Konferenzen bilden wichtige Mittel zur Würdigung.

Eine in der Systematik des Inkrementellen liegende Schwierigkeit im agilen Kontext ist: Agile Projekte bringen viele kleine Erfolge. Es gibt nicht den einen großen Termin, der den Erfolg zeigt. Aber: Erfolge zu feiern und damit zu würdigen, ist ebenfalls wichtig in einer agilen Kultur. Ich denke hier gibt es noch einiges zu tun.

Eine Antwort auf eine Frage, die nicht gestellt wurde:
Agilität ist nicht die Lösung für alles. Es stellt sich folglich die Frage: „Wann sollte agil gearbeitet werden?" Hierbei kann das Cynefin-Modell (vgl. Einführung Kap. 3), übertragen auf das jeweilige Unternehmen, behilflich sein: Die oft in allen Bereichen der Bank vorzufindenden „Best Pactices" kann es nur geben, wenn die Fragestellung simpel ist. Bei komplizierten Fragestellungen können Experten klassisch lösen. Komplexität erfordert immer Agilität, und komplex ist das komplizierte Straßennetz von London erst, wenn sich die Richtungen an den Kreuzungen ständig ändern können, wenn also Dynamik dazukommt.

Es wird allzu oft zu leichtfertig der Begriff „komplex" verwendet und dann nach Agilität gerufen. Das sollte jedes Unternehmen für sich überdenken.

Prof. Dr. Christopher Hausmann (Professor für Project Management Concepts an der Jacobs University Bremen, Company: Projekt:Contor Jena – Forschungsberatung: Projektmanagement)

Alles muss klein beginnen.
Lass etwas Zeit verrinnen,
Es muss nur Kraft gewinnen
Und endlich ist es groß.
Gerhard Schöne

Sie sind in der Lehre als Professor und in der Praxis als Projektmanager und Strategieberater gleichermaßen zu Hause. Was bedeutet Agilität für Sie? In welchem Bereich sehen Sie hier Ihre größte Aufgabe?

Agilität ist ein zukunftsträchtiges Wachstumsfeld, ein Signum der Zeit. Wir leben im Agilozän, wir leben in einer Zeit, die kultiviert, dass sie nicht genau weiß, um was es geht, und daraus Gewinn für alle zieht. Agiles Denken und Arbeiten ist das „Superfood" des 21. Jahrhunderts. Da macht die Dosis nicht das Gift, sondern da gilt: Je mehr, desto besser.

In volatilen Umgebungen kann es keine Konstanz geben, alles ist vorläufig. Es geht darum, in einem eher unwissenden Zustand wunderbare Dinge zu erfinden. Im agilen Projektmanagement zum Beispiel wird der Kunde in den Mittelpunkt gerückt. Die Asymmetrie des Wissens existiert nicht mehr in der alten Form. Es gibt nicht mehr nur „den" oder „die" Experten. In einem gemeinsamen Herantasten gilt es herauszufinden, was alles möglich ist. Agil zu sein, heißt, kreativ sein zu dürfen, sich in spannenden und arbeitsteiligen Prozessen zu bewegen, die vorläufiger, offener, beeinflussbarer und damit auch befriedigender sind. Das ist auch der Grund, warum Agilität bei jungen Menschen so populär ist.

In der gemeinsamen Verantwortung mit dem „mitarbeitenden Kunden" kann man von einer Shared Responsibility, einer Art von Sozialisierung der Verantwortung sprechen. Die frühe Einbindung des Kunden schafft auch eine Reduktion von Schwellenängsten. Agilität entdramatisiert, um im Theater-Wording zu bleiben. Die Begegnung von Team und Kunden schafft Vertrauen, schafft Einsicht in die Endlichkeit des eigenen Denkens. Agiles Verhalten wird so flüssig und barrierefrei, aber auch demütig.

Meine Aufgabe ist die eines agilen Ambassadors. Ich sehe meine Aufgabe darin, aufzuklären, Schwellenängste abzubauen und ein Verständnis für Agilität zu schaffen. Darüber hinaus geht es um eine differenzierte Aufklärung. Die Organisationsbereiche sind so umzugestalten, dass etwas Neues funktioniert, wovon die Menschen und die Organisation profitieren. Allerdings gilt auch: Agilität ist etwas für alle, aber sicherlich nicht in jedem Fall etwas für jeden.

Wie notwendig ist eine agile Haltung für die Menschen?

Agilität ist eine angeborene anthropologische Konstante, sie ist eine Handlungsweise, die wir alle kennen. Wenn wir nicht wissen, wie wir etwas machen sollen, dann bewegen wir uns schrittweise und verbessern uns ebenso kleinschrittig. Menschen leben schon lange nach diesen Grundprinzipien. Wir alle leben eine bedingte Vorläufigkeit. Wir brauchen die Bereitschaft, Dinge auch mal umzuwerfen, die sich nicht als tauglich erweisen. Es braucht eine Lernbereitschaft, die aus eigenem Handeln die richtigen Schlüsse zieht.

Das Agile ist damit eine sehr lebensnahe Konzeption. So wie ich akzeptiere, dass das Kind in der Wiege noch keine 18 Jahre alt ist, so akzeptiere ich das erste Produkt als minimale Variante, die aber für den Kunden schon funktioniert. Ich arbeite daran weiter, inkrementell und iterativ. Ich probiere auf dem Weg zur besten Lösung. Und dieser agile Weg ist durchaus sehr klar beschrieben, es gibt kaum etwas Rigideres als ein agiles Regelwerk. Dranbleiben ist dabei gut für den Menschen. Und Agilität geht hinein in die permanente Ausführung, sie ist sehr pädagogisch. Die frohe Botschaft lautet: Du kannst es lernen, du kannst dich verbessern. Aber du musst es wollen und zulassen.

Eine Umfrage im Topmanagement agiler Organisationen zeigt, dass 2 von 3 Befragten die Relevanz von Agilität als groß bzw. sehr groß einschätzen. 69 Prozent aller Befragten prognostizieren in den nächsten 3 Jahren einen weiteren Bedeutungszuwachs (Breitschopf und Rump 2018, S. 3). Was beobachten Sie in dieser Entwicklung?

Agilität ist ja nicht neu. Sie kommt aus dem Lean Management und dieses Konzept ist etwa 70 Jahre alt. Seit dem Agilen Manifest zeigt sich die Wirkungskraft des modernen agilen Exkurses mit großer Deutlichkeit. Alle sprechen darüber.

Ein „Fit machen für agile Zeiten" bedeutet in den meisten Fällen, zumindest hybrid zu sein. Auf eine Formel gebracht: „Alte Kultur plus agil gleich hybrid." Der weitere Bedeutungszuwachs, wie in der Studie angekündigt, wird meiner Meinung nach allerdings nicht linear verlaufen. Der Zug der Zeit ist die Hybridität. Es stellt sich die unternehmerische Frage, bis zu welchem Grad ich Agilität in die Kultur überhaupt einbauen kann. Wer große Strukturen hat, große Teams, große Risiken, stabile Randbedingungen, der wird eher zögern.

Neuere Studien zum Projektmanagement, wie zum Beispiel die Untersuchung „Status Quo agil" der GPM – Deutsche Gesellschaft für Projektmanagement, zeigen: Je mehr Agilität in einem Unternehmen verwendet wird, desto erfolgreicher werden die Projekte und desto besser fühlen sich die Menschen. Die GPM, sonst eher ein Anhänger traditionellen Arbeitens, betont selbst diesen linearen Zusammenhang. Auch gilt: Je komplexer, desto agiler muss es sein. Für den klassischen Bereich des Risikomanagements heißt das zum Beispiel: Alles kann so klein gemacht werden, dass es in einen 4-wöchigen Sprint hineinpasst. Mit dem Minimieren der Schadenswirkung verliert das Risiko an Schrecken. Agilität ist somit auch eher eine chancenorientierte Haltung.

Viele Organisationen haben die Notwendigkeit erkannt, den stetig wachsenden Veränderungen mit der Einführung einer agilen Kultur zu begegnen.

Wo sehen Sie die Chancen? Welche positiven Erfahrungen haben Sie hier gemacht?

Wo zeigen sich Herausforderungen? Was sind typische Stolpersteine?

Die Einführung einer agilen Kultur erfordert den Willen, sich radikal ändern zu wollen.

Der Wunsch nach einem klassischen Changeprozess mit benennbaren Schritten funktioniert allerdings so nicht. Es reicht nicht, isoliert Methoden oder Software in eine Organisation einzuführen und das für einen Change auszugeben. Agilität ist eine Haltung und keine Methode, man muss es wollen und nicht nur ein bisschen. Sie verändert alles, den Einzelnen und die Struktur, die es braucht.

Agil zu sein bedeutet, eine agile Kultur zu leben. Kultur, aus dem lateinischen „colere" – anbauen, pflanzen pflegen – ist etwas Gewachsenes und etwas für jeden Tag. Es braucht erst einmal ein Samenkorn, mit dem man im Kleinen beginnt. Es braucht Pflege und Hege. Es braucht einen Gärtner – „better and better every day". Erst darauf folgt die Ernte. Ergo: Eine Kultur kann man nicht schnell abernten, man muss diese entwickeln.

Der größte Stolperstein ist der, dass Führungskräfte dem oft nicht gewachsen sind. Sie geraten in der agilen Welt in eine neue Lage. Vorläufigkeit ist ja genau das Gegenteil von Beherrschbarkeit. „Ich weiß, dass ich nicht weiß" – um mit Sokrates zu sprechen, geht es darum, Nichtwissen zuzugeben. Command-and-Control-Kulturen sehen Agilität eher als ein Gespenst, das umgeht. Die Widerstände kommen aus den Führungsetagen und von Menschen, die an ihren angestammten Laufwegen festhalten wollen. Sie leiden unter einer Vorläufigkeitskultur, die fröhlich kreativ daherkommt. Widerstände zeigen sich bei Menschen, die eine festgezurrte Vorgehensweise fordern und eine hohe Unsicherheitsvermeidung im Sinne von Hofstede aufweisen. Und auch der Shareholer Value verträgt nicht allzu viel Unsicherheit.

Hier wird der Wunsch nach Bewahrung sichtbar. Der lange und schwere Abschied von der alten, scheinbar beherrschbaren, effizienten Welt ist ein Merkmal eher pessimistisch bis depressiv gestimmter Organisationen, gekoppelt mit dem Wunsch, im Grunde gar nicht agil sein zu können und diesen Kelch an sich vorbeigehen zu lassen. Da werden Gründe gesucht, nicht agil sein zu müssen. Dies auszusprechen, darum werde ich in meinen Vorträgen sehr oft sogar ausdrücklich gebeten. Daran ist insofern etwas Wahres, als Agilität in einer Organisation nicht beliebig ausgeweitet werden kann. Sie verliert an Kraft, je größer der Kontext wird.

Was ist für Sie ein Erfolg in der agilen Entwicklung? Und wie wird dieser gewürdigt?

Erfolg ist etwas, was Satisfaktion erzeugt. Wenn der Kunde zufrieden ist, dann ist das der Erfolg. Erfolg ist, wenn das Produkt funktioniert und Zufriedenheit und Excitement beim Kunden erzeugt.

In der agilen Entwicklung nähert man sich dem Erfolg schrittweise an, Tag für Tag, Woche für Woche, Monat für Monat. Wo der Punkt der Satisfaktion liegt, ist im Vorhinein nicht bekannt. Auch Zwischenprodukte können schon die funktionierende Lösung sein. Erfolg ist das, was wiederum den Antrieb zu einer weiteren Entwicklung gibt.

Erfolg ist das, was ein Team auf einem kreativen, reflektierten Weg erreicht hat. Diese Teams zeigen sich bedeutend glücksfähiger. Sie verhalten sich überraschungsoffen und lassen sich anrühren. Das Selbstorganisierte im Agilen zeigt sich auch in der Fähigkeit, zu erkennen, wann man zufrieden ist. Erfolge zu feiern, ist daher Teil eines kulturellen Ausdrucks:

In begeisterungsfähigen Kulturen wird das Erfolgefeiern selbstverständlicher. In anderen Kulturen überwiegt eher eine Defizitorientierung als eine Art eingebaute Vorbehaltskultur, nach dem Motto: „Nicht geschimpft ist genug gelobt." Da geht man zum Feiern eher in den Keller. Agil macht da sehr viel glücklicher.

Literatur

Ameln, F. v. & Kramer, J. (2016) Organisationen in Bewegung bringen. Handlungsorientierte Methoden für die Personal-, Team- und Organisationsentwicklung. (2. Aufl.). Heidelberg: Springer Verlag.
Beck, K. (2003). Extreme Programming. Das Manifest. München: Addison-Wesley.
Boal, A. (2016), Übungen und Spiele für Schauspieler und Nicht-Schauspieler (2. Aufl.). Berlin: Suhrkamp Verlag.
Böhle, F. (2017). Improvisation durch objektivierendes und subjektivierendes Handeln. In Stark, W. & Vossebrecher, D. & Dell, C. & Schmidhuber, H. Hrsg.), Improvisation und Organisation. Muster zur Innovation sozialer Systeme. Bielefeld: transcript.
Breitschopf, K. & Rump, J. (2018). HR-Report 2018. Schwerpunkt Agile Organisationen auf dem Prüfstand. Eine empirische Studie des Instituts für Beschäftigung und Employability IBE im Auftrag von Hays für Deutschland, Österreich und die Schweiz. Zugriff am 08.07.2019. Verfügbar unter https://www.hays.de/documents/10192/118775/hays-studie-hr-report-2018.pdf/243a467e-bc39-6b0a-3ac1-95c5f9bd43bc.

Cohn, R. C. (2016). Von der Psychoanalyse zur themenzentrierten Interaktion (18. neu bearbeitete Aufl.). Stuttgart: Klett-Cotta.
Erpenbeck, J. & Grote, S. & Sauter, W.(2017). Einführung. Handbuch Kompetenzmessung. Erkennen, verstehen und bewerten von Kompetenzen in der betrieblichen, pädagogischen und psychologischen Praxis. Stuttgart: Schäffer-Poeschel.
Derby, E. & Larsen, D. (2018). Agile Retrospektiven. Übungen und Praktiken, die die Motivation und Produktivität von Teams deutlich steigern. München: Vahlen.
Friebe, J. (2010). Reflexion im Training. Aspekte und Methoden der modernen Reflexionsarbeit (1. Aufl.). Bonn: managerSeminare.
Gerstenmaier, J. & Mandl, H. (2011). Konstruktivistische Ansätze in der Erwachsenenbildung und Weiterbildung. In: Tippelt, R. & von Hippel, A. (Hrsg.), Handbuch Erwachsenenbildung/ Weiterbildung (S. 169–176). (5. Aufl.). Wiesbaden: Springer.
Hausmann, C. (2018). Projektmodul. Jena.
Knowles, M. S. (2007). Lebenslanges Lernen (6. Auflage). München: Elsevier.
Neyer, F. J. & Asendorpf, J. B. (2018). Psychologie der Persönlichkeit (6. Aufl.). Berlin: Springer.
Rellstab, F. (1992). Stanislawski Buch. Theorie und Praxis der Schauspielkunst nach dem „System" des K. S. Stanislawski (3. neu bearbeitete Aufl.). Wädenswil: Stutz Druck.
Rellstab, F. (2000). Handbuch Theaterspielen. Band 4. Theaterpädagogik. Wädenswil: Stutz Druck.
Scheller, T. (2017). Auf dem Weg zur agilen Organisation. Wie Sie Ihr Unternehmen dynamischer, flexibler und leistungsfähiger gestalten. München: Franz Vahlen.
Shaw, Julia (2018). Das trügerische Gedächtnis. Wie unser Gehirn Erinnerungen fälscht. München: Hanser
Snowden, D.J. & Boone, M.E. (2007). A Leader's Framework for Decision Making. Zugriff am 20.10.20. Verfügbar unter: https://pablopernot.fr/pdf/Cynefin-Mary-Boone.pdf
Stanislawski, K. S. (1988). Die Arbeit des Schauspielers an sich selbst I. Berlin: das europäische Buch.

Literatur: Prinzip 1 – Loslaufen, Schritt für Schritt

Arnold, R. & Tutor, C. G. & Kammerer, J. (2002). Selbst gesteuertes Lernen als Perspektive der beruflichen Bildung. Zugriff am 17.10.2020. Verfügbar unter https://www.bibb.de/veroeffentlichungen/de/bwp/show/716 (Letzter Zugriff: 26.05.2020)
Beck, K. (2003). Extreme Programming. Das Manifest. München: Addison-Wesley.
Boal, A. (1989). Theater der Unterdrückten. Übungen und Spiele für Schauspieler und Nicht-Schauspieler. Frankfurt: Suhrkamp.
Boal, A. (2016), Übungen und Spiele für Schauspieler und Nicht-Schauspieler (2. Aufl.). Berlin: Suhrkamp.
Czerny, G. (2004). Theaterpädagogik. Ein Ausbildungskonzept im Horizont personaler, ästhetischer und sozialer Dimensionen. Augsburg: 2004.
Deci, E.L. & Ryan, R.M. (1993). Die Selbstbestimmungstheorie der Motivation und ihre Bedeutung für die Pädagogik. Zeitschrift für Pädagogik, 39 (2) S. 223–238.
Ebert, G. (1999). Improvisation und Schauspielkunst. Über die Kreativität des Schauspielers (4. neu bearbeitete Aufl.). Berlin: Henschel.
Heckhausen, J. & Heckhausen, H. (Hrsg.). (2018), Motivation und Handeln (5. neu bearbeitete Aufl.). Berlin: Springer.
Heindl, A. (2007). Theatrale Intervention. Von der mittelalterlichen Konfliktregelung zur zeitgenössischen Aufstellungs- und Theaterarbeit in Organisationen. Heidelberg: Carl-Auer Systeme.
Kauffeld, S. (2016). Nachhaltige Personalentwicklung und Weiterbildung. Betriebliche Seminare und Trainings entwickeln, Erfolge messen, Transfer sichern (2. neu bearbeitete Aufl.). Berlin & Heidelberg: Springer.

Koch, G. (2008). Auf das Fragmentarische sich einlassen in hochschuldidaktisch reflektierten Lehr-Lernprozessen: Gezeigt am Beispiel Bertolt Brechts DER BÖSE BAAL DER ASOZIALE – Entwürfe; Fragmente; Szenen. In Wildt, B., Hentschel, I. Wildt, J. (Hrsg.), Theater in der Lehre. (S. 29). Berlin: Lit.

Krapp, A. (1992). Interesse, Lernen und Leistung. Zeitschrift für Pädagogik, 38 (5), S. 747–770.

Preußig, J. (2018). Agiles Projektmanagement. Scrum, User stories, Task Boards & Co (2., neu bearbeitete Aufl.). Freiburg: Haufe-Lexware.

Rellstab, F. (2000). Handbuch Theaterspielen. Band 4. Theaterpädagogik. Wädenswil: Stutz Druck.

Rellstab, F. (1992). Stanislawski Buch. Theorie und Praxis der Schauspielkunst nach dem „System" des K. S. Stanislawski (3. neu bearbeitete Aufl.). Wädenswil: Stutz Druck.

Roth, G. (2017). Was bedeuten Motivation und Emotion für den Lernerfolg? Kognitions- und neurowissenschaftliche Erkenntnisse. In H. Reiter (Hrsg.), Handbuch Hirnforschung und Weiterbildung (S. 264–281). Weinheim, Basel: Beltz.

Scheller, T. (2017). Auf dem Weg zur agilen Organisation. Wie Sie Ihr Unternehmen dynamischer, flexibler und leistungsfähiger gestalten. München: Franz Vahlen.

Sprute, C. (2008). Das Interventionspotenzial des Unternehmenstheaters. Unternehmenstheater in der Organisationsentwicklung und Unternehmensberatung. Saarbrücken: VDM Verlag Dr. Müller.

Stanislawski, K. S. (1988). Die Arbeit des Schauspielers an sich selbst I. Berlin: das europäische Buch.

Stollsteiner, M. (2008). Das A.R.T.- Prinzip. Vom Nutzen der Kunst im Unternehmen. Wiesbaden: Gabler.

Stowasser, J. M. Petschenig, M. & Skutsch, F. (2006). Stowasser. Lateinisch-deutsches Schulwörterbuch. München & Düsseldorf & Stuttgart: Oldenbourg.

Weintz, J. (2003), Theaterpädagogik und Schauspielkunst. Ästhetische und psychosoziale Erfahrungen durch Rollenarbeit (3. Aufl.). Butzbach: Afra.

Wildt, J. (2003). The shift from teaching to Learning – Thesen zum Wandel der Lernkultur in modularisierten Studienstrukturen. Zugriff am 17.10.2020. Verfügbar unter https://www.u-asta.uni-freiburg.de/politik/bologna/texte/thesen-zum-wandel.pdf

Literatur: Prinzip 2 – Jeden Tag ein bisschen besser werden

Asal, V. (2006). Creating Simulations for Political Education. Verfügbar unter https://www.researchgate.net/profile/Victor_Asal/publication/251731400_Creating_Simulations_for_Political_Science_Education/links/558c156708ae1f30aa808f79.pdf (Letzter Zugriff am 05.05.2020)

Brecht, B. (1965). Schriften zum Theater. Frankfurt: Suhrkamp.

Fischer-Lichte, E. (2007). Semiotik des Theaters. Das System der theatralischen Zeichen (5. Aufl.). Tübingen: Narr Francke Attempto.

Preußig, J. (2018). Agiles Projektmanagement. Scrum, User stories, Task Boards & Co (2., neu bearbeitete Aufl.). Freiburg: Haufe-Lexware.

Sackmann, S. A. (2004). Erfolgsfaktor Unternehmenskultur. Mit kulturbewusstem Management Unternehmensziele erreichen und Identifikation schaffen – 6 Best Practice-Beispiele. Wiesbaden: Gabler.

Scheller, T. (2017). Auf dem Weg zur agilen Organisation. Wie Sie Ihr Unternehmen dynamischer, flexibler und leistungsfähiger gestalten. München: Vahlen.

Schulz von Thun, Friedemann (2000). Miteinander reden: Kommunikationspsychologie für Führungskräfte. Reinbek: Rowohlt.

Wecht, C.H. (2006). Das Management aktiver Kundenintegration in der Frühphase des Innovationsprozesses. Wiesbaden: Deutscher-Universitäts-Verlag.

Weintz, J. (2003). Theaterpädagogik und Schauspielkunst. Ästhetische und psychosoziale Erfahrungen durch Rollenarbeit (3. Aufl.). Butzbach: Afra.

Literatur: Prinzip 3 – Mit dem Einfachen beginnen

Beck, K. (2003). Extreme Programming. Das Manifest. München: Addison-Wesley.
Boal, A. (2016). Übungen und Spiele für Schauspieler und Nicht-Schauspieler (2. Aufl.). Berlin: Suhrkamp.
Ebert, G (1999). Improvisation und Schauspielkunst. Über die Kreativität des Schauspielers (4. neu bearbeitete Aufl.). Berlin: Henschel.
Habermas, Jürgen (2020). So viel Wissen über unser Nichtwissen gab es noch nie. Interview mit Markus Schwering vom 10.04.2020. In: https://www.fr.de/kultur/gesellschaft/juergen-habermas-coronavirus-krise-covid19-interview-13642491.html (Letzter Zugriff: 12.05.2020)
Holm-Hadulla, R. M. (2010). Kreativität. Konzept und Lebensstil. Göttingen: Vandenhoeck & Ruprecht.
Kalich, Richard (1989) Die Kreatur. Berlin: Rotbuch
Kant, Immanuel (1784). Beantwortung der Frage: Was ist Aufklärung? In: Berlinische Monatsschrift, Dezember 1784, S. 481–494, zitiert nach: Kant, Immanuel. Was ist Aufklärung? Ausgewählte kleinere Schriften, hrsg. von Horst D. Brandt. Hamburg 1999, S. 20–22.
Kibéd, M.V. v. & Sparrer, I. (2018). Ganz im Gegenteil. Tetralemmaarbeit und andere Grundformen Systemischer Strukturaufstellungen – für Querdenker und solche, die es werden wollen (10. Aufl.). Heidelberg: Auer.
Kluge, Alexander, Schirach, Ferdinand v. (2020). Trotzdem. München: Luchterhand.
Rubin, K. S. (2014). Essential Scrum. Umfassendes Scrum-Wissen aus der Praxis. Sigloch: mitp.
Simon, F.B. (2018). Einführung in die systemische Organisationstheorie (6. Aufl.). Heidelberg: Auer.
Stanislawski, K. S. (1986). Die Arbeit des Schauspielers an sich selbst II. Berlin: das europäische Buch.
Stanislawski, K. S. (1988). Die Arbeit des Schauspielers an sich selbst I. Berlin: das europäische Buch.
Watzlawick, P., Beavin, J.H. & Jackson, D.D. (2000). Menschliche Kommunikation. Formen, Störungen, Paradoxien (10., unveränderte Aufl.). Bern: Huber.
Weintz, J. (2003). Theaterpädagogik und Schauspielkunst. Ästhetische und psychosoziale Erfahrung durch Rollenarbeit (3. Aufl.). Butzbach: Afra.

Literatur: Prinzip 4 – Sich mit der Umwelt verändern

Heckhausen, J., Heckhausen, H. (2006). Motivation und Handeln. Heidelberg: Springer.
Heckhausen, J. & Heckhausen, H. (Hrsg.) (2018). Motivation und Handeln (5. neu bearbeitete Aufl.). Berlin: Springer.
Henninger, M. & Mandl, H. (2000). Vom Wissen zum Handeln – ein Ansatz zur Förderung kommunikativen Verhaltens. In: Mandl, H. Gerstenmaier, J. (Hrsg.). Die Kluft zwischen Wissen und Handeln. Empirische und theoretische Lösungsansätze. Göttingen, Bern, Toronto & Seattle: Hogrefe.
Mandl, H. Gerstenmaier, J. (Hrsg.) (2011). Die Kluft zwischen Wissen und Handeln. Empirische und theoretische Lösungsansätze. Göttingen, Bern, Toronto & Seattle: Hogrefe.
Roth, Gerhard (2015). Bildung braucht Persönlichkeit. Wie Lernen gelingt. Stuttgart: Klett-Cotta.
Stanislawski, K. S. (1986). Die Arbeit des Schauspielers an sich selbst II. Berlin: das europäische Buch.
Stanislawski, K. S. (1988). Die Arbeit des Schauspielers an sich selbst I. Berlin: das europäische Buch.

Literatur: Prinzip 5 – Auf die positiven Entwicklungen schauen

Beck, K. et al. (2001). Manifest für agile Softwareentwicklung. Zugriff am 03.05.2020. Verfügbar unter https://agilemanifesto.org/iso/de/manifesto.html

Erpenbeck, J. & Grote, S. & Sauter, W. (2017). Einführung. Handbuch Kompetenzmessung. Erkennen, verstehen und bewerten von Kompetenzen in der betrieblichen, pädagogischen und psychologischen Praxis. Stuttgart: Schäffer-Poeschel

Friebe, J. (2010). Reflexion im Training. Aspekte und Methoden der modernen Reflexionsarbeit (1. Aufl.). Bonn: managerSeminare.

Glasersfeld, E. von (2018). Radikaler Konstruktivismus. Ideen, Ergebnisse, Probleme (9., unveränderte Aufl.). Frankfurt: Suhrkamp.

Heckhausen, J. & Heckhausen, H. (Hrsg.) (2018). Motivation und Handeln (5. neu bearbeitete Aufl.). Berlin: Springer.

Heckhausen, J & Heckhausen, H. (2018). Motivation und Handeln. Heidelberg: Springer

Henninger, M. & Mandl, H. (2000). Vom Wissen zum Handeln – ein Ansatz zur Förderung kommunikativen Verhaltens. In Mandl, H. Gerstenmaier, J. (Hrsg.), Die Kluft zwischen Wissen und Handeln. Empirische und theoretische Lösungsansätze (S. 215). Göttingen, Bern, Toronto & Seattle: Hogrefe.

Mandl, H. Gerstenmaier, J. (Hrsg.) (2011). Die Kluft zwischen Wissen und Handeln. Empirische und theoretische Lösungsansätze. Göttingen, Bern, Toronto & Seattle: Hogrefe.

Motzel, E. & Möller, T. (2017). Projektmanagement Lexikon. Referenzwerk zu den aktuellen nationalen und internationalen PM-Standards (3., neu bearbeitete Aufl.). Weinheim: Wiley-VCH.

Pelz, W. (2017). Umsetzungskompetenz als Schlüsselkompetenz für Unternehmerpersönlichkeiten: Eine theoretische und empirische Analyse. Zugriff am 26.05.20. Verfügbar unter: https://www.management-innovation.com/download/Umsetzungskompetenz-Volition-Willenskraft.pdf

Rubin, K. S. (2014). Essential Scrum. Umfassendes Scrum-Wissen aus der Praxis. Sigloch: mitp.

Stanislawski, K. S. (1988). Die Arbeit des Schauspielers an sich selbst I. Berlin: das europäische Buch.

Stollsteiner, M. (2008). Das A.R.T.-Prinzip. Vom Nutzen der Kunst im Unternehmen. Wiesbaden: Gabler.

Wecht, C.H. (2006). Das Management aktiver Kundenintegration in der Frühphase des Innovationsprozesses. Wiesbaden: Deutscher-Universitäts-Verlag.

Wildt, J. (2003). The shift from teaching to Learning – Thesen zum Wandel der Lernkultur in modularisierten Studienstrukturen. Zugriff am 26.05.20. Verfügbar unter https://www.u-asta.uni-freiburg.de/politik/bologna/texte/thesen-zum-wandel.pdf

Literatur: Prinzip 6 – Zurückschauen und beurteilen

Becker, M. (2011). Systematische Personalentwicklung. Planung, Steuerung und Kontrolle im Funktionszyklus (2., neu bearbeitete Aufl.). Stuttgart: Schäffer-Poeschel.

Dittrich-Brauner, K., Dittmann, E., List, V., Windisch, C. (2008). Interaktive Großgruppen. Heidelberg: Springer

Cohn, R. C. (2016). Von der Psychoanalyse zur themenzentrierten Interaktion (18. neu bearbeitete Aufl.). Stuttgart: Klett-Cotta.

Doppler, K./ Lauterburg, C. (2019). Change Management. Den Unternehmenswandel gestalten. Frankfurt: Campus.

Doppler, K. (2011). Der Change Manager. Sich selbst und andere verändern. Frankfurt: Campus.

Simon, F.B. (2017). Einführung in Systemtheorie und Konstruktivismus (8. Aufl.). Heidelberg: Carl-Auer.

Simon, F.B. (2018). Einführung in die systemische Organisationstheorie (6. Aufl.). Heidelberg: Carl-Auer.

Literatur: Prinzip 7 – Als Team selbstorganisiert arbeiten

Belbin, R. (2016). Team Role Summary Descriptions. Zugriff am 22.04.20 verfügbar unter://www.belbin.com/media/2307/belbin-team-role-summary-descriptions.pdf
Deci, E.L. & Ryan, R.M. (1993). Die Selbstbestimmungstheorie der Motivation und ihre Bedeutung für die Pädagogik. Zeitschrift für Pädagogik, 39 (2) S. 223–238.
https://scrum-master.de
https://www.belbin.com
Preußig, J. (2018). Agiles Projektmanagement. Scrum, User stories, Task Boards & Co (2., neu bearbeitete Aufl.). Freiburg: Haufe-Lexware.
Sackmann, S. A. (2004). Erfolgsfaktor Unternehmenskultur. Mit kulturbewusstem Management Unternehmensziele erreichen und Identifikation schaffen – 6 Best Practice-Beispiele. Wiesbaden: Gabler.
Scheller, T. (2017). Auf dem Weg zur agilen Organisation. Wie Sie Ihr Unternehmen dynamischer, flexibler und leistungsfähiger gestalten. München: Franz Vahlen.
Simon, F.B. (2018). Einführung in die systemische Organisationstheorie (6. Aufl.). Heidelberg: Carl-Auer.

Literatur: Prinzip 8 – Unterstützung holen

Beck, K. (2003). Extreme Programming. Das Manifest. München: Addison-Wesley.
Buchholz, U. & Knorre, S. (2017). Interne Kommunikation in agilen Unternehmen. Eine Einführung. Wiesbaden: Springer.
Dittrich-Brauner, K., Dittmann, E., List, V., Windisch, C. (2008). Interaktive Großgruppen. Heidelberg: Springer.
Dittrich-Brauner, K., Dittmann, E., List, V., Windisch, C. (2013). Großgruppenverfahren. Heidelberg: Springer.
Ebert, G. (1999). Improvisation und Schauspielkunst. Über die Kreativität des Schauspielers (4. neu bearbeitete Aufl.). Berlin: Henschel.
Fischer-Lichte, E. (2007). Semiotik des Theaters. Das System der theatralischen Zeichen (5. Aufl.). Tübingen: Narr Francke Attempto.
Johnstone, K. (2004). Impro. Improvisation und Theater (7. Aufl.). Berlin: Alexander.
Johnstone, K. (2009). Theaterspiele. Spontaneität, Improvisation und die Kunst des Geschichtenerzählens (7. Aufl.). Berlin: Alexander.
Kruse, P. (2004). Next practice. Erfolgreiches Management von Instabilität. Offenbach: Gabal.
Langer, I/Schulz von Thun, F./Tausch, R. (2002). Sich verständlich ausdrücken. München: Reinhardt.
Neyer, F. J. & Asendorpf, J. B. (2018). Psychologie der Persönlichkeit (6. Aufl.). Berlin: Springer.
Rubin, K. S. (2014). Essential Scrum. Umfassendes Scrum-Wissen aus der Praxis. Sigloch: mitp.
Preußig, J. (2018). Agiles Projektmanagement. Scrum, User stories, Task Boards & Co (2., neu bearbeitete Aufl.). Freiburg: Haufe-Lexware.
Scheller, T. (2017). Auf dem Weg zur agilen Organisation. Wie Sie Ihr Unternehmen dynamischer, flexibler und leistungsfähiger gestalten. München: Franz Vahlen.
Schleuter, W./Stosch, J.v. (2009). Die sieben Irrtümer des Change Managements und wie Sie sie vermeiden. Frankfurt/ New York: Campus.
Weick, K. E./Sutcliffe, K.M (2007). Das Unerwartete managen: Wie Unternehmen aus Extremsituationen lernen. Stuttgart: Klett-Cotta.
Weintz, J. (2003), Theaterpädagogik und Schauspielkunst. Ästhetische und psychosoziale Erfahrungen durch Rollenarbeit (3. Aufl.). Butzbach: Afra.

Literatur: Abschluss – Erfolge feiern

Brecht, B. (1965). Schriften zum Theater. Frankfurt: Suhrkamp.
Dittrich-Brauner, K., Dittmann, E., List, V., Windisch, C. (2013). Interaktive Großgruppen. Lebendig lernen – Veränderung gestalten. Heidelberg: Springer.
Heindl, A. (2007). Theatrale Intervention. Von der mittelalterlichen Konfliktregelung zur zeitgenössischen Aufstellungs- und Theaterarbeit in Organisationen. Heidelberg: Carl-Auer.

Literatur: Agilität in der Praxis - Expertengespräche

Nüchter, Xenia: In Neumann L., Müller-Weith, D. Stoltenhoff-Erdmann, B. (Hg) Spielend Leben Lernen, healing-Theatre, Therapeutisches Theater, Schibri-Verlag, Berlin, 2008
Kolk, B. v. d., 2016. Verkörperter Schrecken. Lichtenau: Probst

Epilog

Eine agile Haltung ist heute und in Zukunft die Schlüsselfähigkeit, um gestaltender Teil der Gesellschaft zu sein, Gesellschaft weiter zu entwickeln. Wir erleben zunehmend eine Welt, die sich unvorhersehbar und komplex zeigt. All das erfordert Veränderung, der mit einer agilen Haltung zu begegnen ist. Das wirkt positiv auf den Einzelnen, das ist essenziell für die Zukunft von Organisationen.

Folgerichtig nehmen seit einigen Jahren agile Techniken wie Scrum Einzug in die Organisationen. Man trifft sich zu Daily-Stand-ups, bewegt sich nach Vorgabe in Sprints und vereinfacht Anforderungen als sogenannte Epics. Man will agil werden. Die Erkenntnis lässt nicht lange auf sich warten: Die Technik alleine und das neu platzierte Wording formt wohl noch keine agile Organisation. Wie in jedem Changemanagementprozess wird auch hier eine systematische Planung vorgenommen, um agile Projekte zu „fahren". Die Vernachlässigung der menschlichen und zwischenmenschlichen Aspekte und der emotionalen Komponente sind als ursächlich dafür zu sehen, dass Changeprozesse scheitern. So überrascht es nicht, dass trotz aller Vorteile, die Agilität bietet, agile Strukturen noch nicht durchgängig im Alltag von Organisationen angekommen sind.

Eine Voraussetzung ist, dass das (berufliche) Umfeld einen Rahmen setzt, der agiles Handeln richtungsweisend initiiert und legitimiert. Der Mensch, in all seinen Funktionen und Rollen, muss agil sein dürfen. Die Organisationsmitglieder setzen so autorisiert Ziele im bereitgestellten Rahmen um. Nur so kann sich eine entsprechende Verhaltenssicherheit etablieren. Ob das gelingt, hängt im Wesentlichen von den Möglichkeiten des Einzelnen ab. Ob ein Mensch agil werden kann, ist immer auch abhängig vom „Wollen" und „Können" des Einzelnen. Ein Prozess, der gleichermaßen top-down und bottom-up wirken sollte. Ausschlaggebend in Unternehmen ist aber letztlich, ob die Führung den Prozess der Agilisierung initiiert, stützt und dauerhaft fördert und gleichermaßen für jeden Mitarbeiter sichtbar und überprüfbar selbst vorlebt.

Quasi en passant sollte sich so ein Kommunikationsverhalten etablieren, das direkt und authentisch gelebt wird. Ein Kommunikationsverhalten, das Reflexion und Beteiligung ermöglicht, wie sie einem partizipativem Führungsgedanken entspricht.

Agilisierunginitiativen von Mitarbeitern, die nicht die Autorisierung und sichtbare Unterstützung der Unternehmensführung haben, sind zum Scheitern verurteilt. Ebenso ins Leere laufen jene Agilisierungsversuche, die top-down angeordnet werden, ohne die Mitarbeiter für den Nutzen agiler Werte und eine entsprechende Haltung zu begeistern. Das wiederum setzt auch begeisterungsfähige Mitarbeiter voraus. Es ist die Aufgabe der Führung, die entsprechenden Potenziale in der Belegschaft zu sichten und auch diejenigen Mitarbeiter nicht aus den Augen zu verlieren, die nicht das entsprechende Potenzial zur Agilität mitbringen. Von diesen Mitarbeitern etwas zu verlangen, was sie nicht leisten können, wäre kontraproduktiv. Ebenso wäre es fahrlässig, Mitarbeiter mit entsprechendem Potenzial zu Agilität nicht zu fördern. All das erfordert ein hohes Maß an Engagement und Verantwortung auf allen Organisationsebenen.

Besonders notwendig ist es, den Einzelnen in der Einführungsphase eines agilen Veränderungsprozesses für diese neue Haltung zu sensibilisieren. Veränderung erfordert Lernen. Es erfordert mehr als das operative Umsetzen von vorgegebenen Modellen. Agilität ist eine notwendige Haltung im beruflichen Kontext und im Leben.

Die Anforderungen im Außen, die in der jüngsten Vergangenheit immer sichtbarer werden, setzen somit ebenso anspruchsvolle Anforderungen an den einzelnen Menschen, der, je nach Rolle, diesen neuen Herausforderungen möglichst flexibel begegnen muss.

Es bedarf eines grundlegenden Verständnisses über Agilität und agiles Erfahren, um sich den hohen Anforderungen zu stellen und in komplexen und unsicheren Situationen zuversichtlich und erfolgreich zu handeln.

Übungen und Trainings zur Erhöhung bereits vorhandener Agilität bzw. zur Initiierung agilen Handelns führen in einem gesetzten Rahmen letztlich zur Entwicklung einer agilen Haltung. Das dauerhafte Training in Richtung einer agilen Haltung, als wiederholte Aktivierung, ist wichtig, sonst geht es im Alltag wieder verloren. Der eigene Nutzen muss sichtbar werden.

Die agilen Prinzipien haben Einzug in unsere eigene Vermittlungsarbeit gehalten. Einfluss nehmen diese Themen auf unsere Haltung, die von Offenheit, Neugierde und Flexibilität geprägt ist. In der Arbeit mit den Menschen und in der Entscheidungsfreudigkeit im täglichen Handeln zeigt sich diese Haltung. Und hierbei beschreiten wir einen gemeinsamen Weg. Nicht mit der einen Lösung, sondern mit einer Haltung, auch in Zeiten der Unsicherheit immer weiter zu gehen. Schritt für Schritt. Mit Offenheit und einem ebensolchen Blick für den Einzelnen und für das Ganze.

Im Theater wird sichtbar, was Menschen bewegt. Es wird gleichermaßen sichtbar, was die Gesellschaft bewegt. Und es gilt sich zu bewegen. Jetzt!

Literatur und Links

Aristoteles (1972). Nikomachische Ethik. München: Deutscher Taschenbuchverlag.
Arnold, R., Tutor, C. G. & Kammerer, J. (2002). Selbst gesteuertes Lernen als Perspektive der beruflichen Bildung. Zugriff am 03.01.2018. Verfügbar unter https://www.bibb.de/veroeffentlichungen/de/bwp/show/716 (Letzter Zugriff: 26.05.2020).
Asal, V. (2006). Creating Simulations for Political Education. Verfügbar unter https://www.researchgate.net/profile/Victor_Asal/publication/251731400_Creating_Simulations_for_Political_Science_Education/links/558c156708ae1f30aa808f79.pdf (Letzter Zugriff am 05.05.2020).
Beck, K. (2003). Extreme Programming. Das Manifest. München: Addison-Wesley.
Beck, K. et al. (2001). Manifest für agile Softwareentwicklung. Zugriff am 05.04.2020. Verfügbar unter https://agilemanifesto.org/iso/de/manifesto.html
Becker, M. (2011). Systematische Personalentwicklung. Planung, Steuerung und Kontrolle im Funktionszyklus (2., neu bearbeitete Aufl.). Stuttgart: Schäffer-Poeschel.
Belbin, R. Meredith. (2003). Management Teams: Why they succeed or fail. 2. Auflage. Oxford: Butterworth Heinemann.
Belbin, R. Meredith (1993). Team Roles At Work. Oxford: Butterworth Heinemann
Belbin, R. (2016). Team Role Summary Descriptions. Zugriff am 22.04.20 verfügbar unter://www.belbin.com/media/2307/belbin-team-role-summary-descriptions.pdf
Boal, A. (1989). Theater der Unterdrückten. Übungen und Spiele für Schauspieler und Nicht-Schauspieler. Frankfurt: Suhrkamp.
Boal, A. (2016). Übungen und Spiele für Schauspieler und Nicht-Schauspieler (2. Aufl.). Berlin: Suhrkamp Verlag.
Brecht, B. (1965). Schriften zum Theater. Frankfurt: Suhrkamp.
Czerny, G. (2004). Theaterpädagogik. Ein Ausbildungskonzept im Horizont personaler, ästhetischer und sozialer Dimensionen. Augsburg: 2004.
Deci, E.L. & Ryan, R.M. (1993). Die Selbstbestimmungstheorie der Motivation und ihre Bedeutung für die Pädagogik. Zeitschrift für Pädagogik, 39 (2) S. 223–238.
Dittrich-Brauner, K., Dittmann, E., List, V., Windisch, C. (2008). Großgruppenverfahren. Lebendig lernen – Veränderung gestalten. Heidelberg: Springer Medizin.
Dittrich-Brauner, K., Dittmann, E., List, V., Windisch, C. (2013). Interaktive Großgruppen. Lebendig lernen – Veränderung gestalten. Heidelberg: Springer Medizin Verlag.
Doppler, K. (2011). Der Change Manager. Sich selbst und andere verändern. Frankfurt: Campus.
Doppler, K./Lauterburg, C. (2019). Change Management. Den Unternehmenswandel gestalten. Frankfurt: Campus.

Dweck, C. S. (2011). Mindsets and Human Nature: Promoting Change in the Middle East, the Schoolyard, the Racial Divide, and Willpower. Zugriff am 04.04.2020. Verfügbar unter https://pdfs.semanticscholar.org/8f11/c3f5ff9f13e9511e0520faf6bf8dd3312335.pdf?_ga=2.255946059.1747751128.1561360671-238929708.1561360671

Ebert, G (1999). Improvisation und Schauspielkunst. Über die Kreativität des Schauspielers (4. neu bearbeitete Aufl.). Berlin: Henschel.

Erpenbeck, J., Grote, S. & Sauter, W. (2017). Einführung. Handbuch Kompetenzmessung. Erkennen, verstehen und bewerten von Kompetenzen in der betrieblichen, pädagogischen und psychologischen Praxis. Stuttgart: Schäffer-Poeschel.

Fischer-Lichte, E. (2007). Semiotik des Theaters. Das System der theatralischen Zeichen (5. Aufl.). Tübingen: Narr Francke Attempto.

Friebe, J. (2010). Reflexion im Training. Aspekte und Methoden der modernen Reflexionsarbeit (1. Aufl.). Bonn: managerSeminare.

Gerstenmaier, J. & Mandl, H. (2011). Konstruktivistische Ansätze in der Erwachsenenbildung und Weiterbildung. In: Tippelt, R. & von Hippel, A. (Hrsg.), Handbuch Erwachsenenbildung/Weiterbildung (S. 169–176). (5. Aufl.). Wiesbaden: Springer Verlag.

Glasersfeld, E. von (2018). Radikaler Konstruktivismus. Ideen, Ergebnisse, Probleme (9., unveränderte Aufl.). Frankfurt: Suhrkamp.

Habermas, Jürgen (2020). So viel Wissen über unser Nichtwissen gab es noch nie. Interview mit Markus Schwering vom 10.04.2020. In: https://www.fr.de/kultur/gesellschaft/juergen-habermas-coronavirus-krise-covid19-interview-13642491.html (Letzter Zugriff: 12.05.2020)

Hardeland, Hanna (2013). Lerncoaching und Lernberatung. Lernende in ihrem Lernprozess wirksam begleiten. Baltmannsweiler: Schneider.

Heckhausen, J. & Heckhausen, H. (Hrsg.) (2018). Motivation und Handeln (5. neu bearbeitete Aufl.). Berlin: Springer.

Heckhausen, J. & Heckhausen, H. (2006). Motivation und Handeln. Heidelberg: Springer.

Heindl, A. (2007). Theatrale Intervention. Von der mittelalterlichen Konfliktregelung zur zeitgenössischen Aufstellungs- und Theaterarbeit in Organisationen. Heidelberg: Carl-Auer Systeme.

Henninger, M. & Mandl, H. (2000). Vom Wissen zum Handeln – ein Ansatz zur Förderung kommunikativen Verhaltens. In: Mandl, H., Gerstenmaier, J. (Hrsg.). Die Kluft zwischen Wissen und Handeln. Empirische und theoretische Lösungsansätze (S. 215). Göttingen, Bern, Toronto & Seattle: Hogrefe-Verlag.

https://scrum-master.de

https://www.belbin.com

https://www.bibb.de/veroeffentlichungen/de/bwp/show/716

Johnstone, K. (2004). Impro. Improvisation und Theater (7. Aufl.). Berlin: Alexander.

Johnstone, K. (2009). Theaterspiele. Spontaneität, Improvisation und die Kunst des Geschichtenerzählens (7. Aufl.). Berlin: Alexander.

Kalkowski, Peter/Mickler, Orfried. o.J. Kooperation in der Produktentwicklung. > http://vm19075.virt.gwdg.de/fileadmin/Publikationen/Kalkowski_Mickler_Mitt_19.pdf (Letzter Download 07.05.2020).

Kant, Immanuel (1784). Beantwortung der Frage: Was ist Aufklärung? In: Berlinische Monatsschrift, Dezember 1784, S. 481–494, zitiert nach: Kant, Immanuel. Was ist Aufklärung? Ausgewählte kleinere Schriften, hrsg. von Horst D. Brandt. Hamburg 1999, S. 20–22.

Kast, Bas (2015). Und plötzlich macht es Klick! Das Handwerk der Kreativität oder Wie gute Ideen in den Kopf kommen. Frankfurt/M: S. Fischer Verlag.

Kauffeld, S. (2016). Nachhaltige Personalentwicklung und Weiterbildung. Betriebliche Seminare und Trainings entwickeln, Erfolge messen, Transfer sichern (2. neu bearbeitete Aufl.). Berlin & Heidelberg: Springer.

Kluge, Alexander & Schirach, Ferdinand von (2020). Trotzdem. München: Luchterhand Literaturverlag.

Koch, G. (2008). Auf das Fragmentarische sich einlassen in hochschuldidaktisch reflektierten Lehr-Lernprozessen: Gezeigt am Beispiel Bertolt Brechts DER BÖSE BAAL DER ASOZI-

ALE – Entwürfe; Fragmente; Szenen. In Wildt, B., Hentschel, I. Wildt, J. (Hrsg.), Theater in der Lehre. (S. 29). Berlin: Lit.

Korte, Martin 2019 (erste Auflage: 2017). Wir sind Gedächtnis. Wie unsere Erinnerungen bestimmen, wer wir sind. München: Deutsche Verlagsanstalt.

Krapp, A. (1992). Interesse, Lernen und Leistung. Zeitschrift für Pädagogik, 38 (5) , S. 747–770.

Kruse, P. (2004). Next practice. Erfolgreiches Management von Instabilität. Offenbach: Gabal.

Langer, I/Schulz von Thun, F./Tausch, R. (2002). Sich verständlich ausdrücken. München: Reinhardt.

List, Volker (2016). Unternehmenstheater – Theatermethoden im Business. Theater in Unternehmen kann Strukturen kritisch befragen und offenlegen. Sofern die Unternehmensführung das interessiert. https://angewandte-theaterforschung.de/theater-in-unternehmen-unternehmenstheater-theatermethoden-im-business/ (Letzter Zugriff am 10.08.2020).

List, Volker (2017). Theaterübungen. 600 Übungsbeschreibungen auf CD-ROM. Hüttenberg: Angewandte Theaterforschung.

Madeja, Michael/Müller-Jung, Joachim (Hrsg.) 2016: Hirnforschung – was kann sie wirklich? Erfolge, Möglichkeiten und Grenzen. München: Beck Verlag.

Mandl, H., Gerstenmaier, J. (Hrsg.) ???. Die Kluft zwischen Wissen und Handeln. Empirische und theoretische Lösungsansätze. Göttingen, Bern, Toronto & Seattle: Hogrefe Verlag.

Motzel, E. & Möller, T. (2017). Projektmanagement Lexikon. Referenzwerk zu den aktuellen nationalen und internationalen PM (3., neu bearbeitete Aufl.). Weinheim: Wiley-VCH.

Neyer, F. J. & Asendorpf, J. B. (2018). Psychologie der Persönlichkeit (6. Aufl.). Berlin: Springer.

Pelz, W. (2017). Umsetzungskompetenz als Schlüsselkompetenz für Unternehmerpersönlichkeiten: Eine theoretische und empirische Analyse. Zugriff am 26.05.20. Verfügbar unter: https://www.management-innovation.com/download/Umsetzungskompetenz-Volition-Willenskraft.pdf

Preußig, J. (2018). Agiles Projektmanagement. Scrum, User stories, Task Boards & Co (2., neu bearbeitete Aufl.). Freiburg: Haufe-Lexware.

Rellstab, F. (1992). Stanislawski Buch. Theorie und Praxis der Schauspielkunst nach dem „System" des K. S. Stanislawski (3. neu bearbeitete Aufl.). Wädenswil: Stutz Druck.

Rellstab, F. (2000). Handbuch Theaterspielen. Band 4. Theaterpädagogik. Wädenswil: Stutz Druck.

Roth, G. (2017). Was bedeuten Motivation und Emotion für den Lernerfolg? Kognitions- und neurowissenschaftliche Erkenntnisse. In H. Reiter (Hrsg.), Handbuch Hirnforschung und Weiterbildung (S. 264–281). Weinheim, Basel: Beltz Verlag.

Roth, Gerhard (2015). Bildung braucht Persönlichkeit. Wie Lernen gelingt. Stuttgart: Klett-Cotta.

Rubin, K. S. (2014). Essential Scrum. Umfassendes Scrum-Wissen aus der Praxis. Sigloch: mitp Verlag.

Sackmann, S. A. (2004). Erfolgsfaktor Unternehmenskultur. Mit kulturbewusstem Management Unternehmensziele erreichen und Identifikation schaffen – 6 Best Practice-Beispiele. Wiesbaden: Gabler.

Scheller, T. (2017). Auf dem Weg zur agilen Organisation. Wie Sie Ihr Unternehmen dynamischer, flexibler und leistungsfähiger gestalten. München: Franz Vahlen.

Schleuter, W./Stosch, J.v. (2009). Die sieben Irrtümer des Change Managements und wie Sie sie vermeiden. Frankfurt/New York: Campus.

Schulz von Thun, Friedemann (2000). Miteinander reden: Kommunikationspsychologie für Führungskräfte. Reinbek: Rowohlt Verlag.

Shaw, Julia (2018). Das trügerische Gedächtnis. Wie unser Gehirn Erinnerungen fälscht. München: Hanser Verlag.

Simon, F. B. (2018). Einführung in die systemische Organisationstheorie (6. Aufl.). Heidelberg: Carl-Auer.

Sporthochschule Köln. https://www.dshs-koeln.de/fileadmin/redaktion/Forschung/DSHS_Forschungsbroschuere_Web.pdf

Sprute, C. (2008). Das Interventionspotenzial des Unternehmenstheaters. Unternehmenstheater in der Organisationsentwicklung und Unternehmensberatung. Saarbrücken: VDM Verlag Dr. Müller.

Stanislawski, K. S. (1986). Die Arbeit des Schauspielers an sich selbst II. Berlin: das europäische Buch.
Stanislawski, K. S. (1988). Die Arbeit des Schauspielers an sich selbst I. Berlin: das europäische Buch.
Stollsteiner, M. (2008). Das A.R.T.-Prinzip. Vom Nutzen der Kunst im Unternehmen. Wiesbaden: Gabler.
Stowasser, J. M. & Petschenig, M. & Skutsch, F. (2006). Stowasser. Lateinisch-deutsches Schulwörterbuch. München & Düsseldorf & Stuttgart: Oldenbourg.
Thier, Peter (2016). Warum sich Bewegung und Geist nur zusammen denken lassen. In: Madeja, Michael/Müller-Jung, Joachim (Hrsg) (2016). Hirnforschung – was kann sie wirklich? Erfolge, Möglichkeiten und Grenzen. München: Beck Verlag, S. 47–56.
Wecht, C. H. (2006). Das Management aktiver Kundenintegration in der Frühphase des Innovationsprozesses. Wiesbaden: Deutscher-Universitäts-Verlag.
Weick, K. E./Sutcliffe, K. M. (2007). Das Unerwartete managen: Wie Unternehmen aus Extremsituationen lernen. Stuttgart: Klett-Cotta.
Weintz, J. (2003). Theaterpädagogik und Schauspielkunst. Ästhetische und psychosoziale Erfahrungen durch Rollenarbeit (3. Aufl.). Butzbach: Afra Verlag.
Wildt, J. (2003). The shift from teaching to Learning – Thesen zum Wandel der Lernkultur in modularisierten Studienstrukturen. Zugriff am 17.10.2020. Verfügbar unter https://www.u-asta.uni-freiburg.de/politik/bologna/texte/thesen-zum-wandel.pdf

Stichwortverzeichnis

A
Achtsamkeit 25, 77, 97
agile Haltung 1, 2, 9, 24, 30, 40, 42, 47, 60, 62, 76, 119, 120, 131
agiles Handeln 2, 7, 9, 17–19, 24, 25, 27, 28, 35, 37, 42, 64, 94, 131
Agilität 1, 2, 7, 9, 11, 17, 18, 28, 29, 42, 56, 62, 63, 77, 83, 87, 106, 108, 111, 112, 117, 118, 121, 131, 132
Agilitätstraining 16, 18, 132
Ambiguitätstoleranz 15, 25
Aufmerksamkeit 16, 23–25, 31, 32
Authentizität 17

B
Betriebsblindheit 45, 76
Bildertheater 36
Bühne 5, 9, 12, 15, 19, 35, 45, 49, 62, 74, 86, 99
Bühnenhandeln 55

C
Changeprozess 30
congress in motion© 96
connectedness 62, 63
Cynefin-Framework 24

D
digitale Transformation 1
Dilemma 51–54

E
Echoraum 59

Einfachheit 7, 44, 51, 52, 54, 56, 57, 60
Emergenz 64, 121
Emotionen 10, 31, 39, 64, 65
Ensemblegefühl 15
Epigenetik 61
Experten 51, 94–98, 104, 110, 112, 121
Extraversion 14, 15, 98

F
Feedback 29, 34, 38, 39, 43, 46, 70, 80, 83, 105
Fehlerkultur 23, 35, 54, 62, 64, 76, 80, 94, 117
Flowerlebnis 37
Führung 18, 62, 119, 120, 131, 132
Führungskraft 75, 83, 95, 119–121
Führungsstil 77
Führungsverständnis 18

G
Gewissenhaftigkeit 14, 15

H
Handlungskompetenz 18, 28, 29, 40
Handlungsoptionen 10, 15, 17, 19, 25, 50, 55, 118
handlungsorientierte Methode 14, 27
Handlungssicherheit 28, 118

I
Improvisation 24, 31, 35, 36, 45, 64, 98
Inkrement 43, 46, 59
Innovationsfähigkeit 97
Iteration 7, 29, 32, 33, 35–39, 69, 70, 95

K

Kanban 32, 47, 56, 65, 72, 80, 90, 101
Kommunikation 1, 6, 10, 12–14, 17, 23, 38, 44–46, 50, 52–54, 62, 70, 71, 77, 79, 83, 94, 95, 97–99, 105, 110, 119
Kompetenzen 2, 6, 8, 10, 14, 18, 27, 28, 36, 37, 40, 45, 57, 60, 62, 63, 65, 71, 75, 79, 83, 84, 86, 88–90, 98, 103, 105, 106, 116, 118
Konfliktmanagement 85, 94, 116
Kongruentes Handeln 17
Kontemplation 16, 120
kontemplative Kompetenz 31
Kontingenz 64
Körpersprache 12, 14, 49, 97–100
Kreativität 16, 17, 70, 72, 83, 98, 117
Kunden 7, 34, 43, 44, 50, 62, 63, 69–71, 78, 88, 96, 109, 110, 117, 118
Kundenorientierung 43, 44, 62, 69

L

Learning by Doing 64
Leerstellen 16

M

Management 64, 77, 86, 94, 116, 131
Managementtraining 86
Metakompetenz 15
Mindset 5
Motivation 2, 10, 12, 14, 16, 27, 36, 37, 42, 78, 84, 94, 105, 106, 110, 117
  intrinsische 10
Mustererkennungen 24, 60

N

Neurotizismus 15

O

Offenheit 11, 14, 15, 27, 62, 64, 81, 82, 98, 105, 132

P

Paradoxon 19
Partizipation 111
PDCA-Zyklus 29, 37, 43
Perspektivwechsel 10, 18, 28, 36, 38, 45, 70–72, 108
Plastizität des Gehirns 9
Präsentationsfähigkeit 48
Probehandeln 15, 37, 42

Probenleiter 62
Proberaum 35
Projektmanagement 71, 85
Proxemik 97, 100
Prozessanalyse 76–78, 80, 81, 106, 112
Prozesssteuerung 64

R

Reflexion 6, 10, 15, 16, 18, 27, 32, 35, 36, 39, 40, 42, 46, 47, 70–72, 75, 76, 78–80, 89, 98, 105, 119, 132
Regie 44
Resilienz 25, 29, 106
Retrospektive 79, 80
Reviews 7, 69, 70
Risikoabwägung 23
Rollenkonzept 19
Rollenmodell 86
Rollenspiel 45, 98
Rollenverteilung 85
Rollenvielfalt 72
Rubikon-Modell 14

S

Scheitern 23, 35, 64, 132
Scrum 7, 85, 88, 119, 131
Selbstbestimmungstheorie 42
Selbstorganisation 17, 18, 28, 64, 89, 93, 120
Selbstreflexion 8, 15, 80, 118
Selbststeuerung 6, 10, 29, 37
Selbstverantwortung 84, 89, 91, 93, 97
Selbstvertrauen 17
Selbstwirksamkeit 17, 29, 63, 90, 110
Servant Leadership 18
SMART-Prinzip 28
Standbild 39, 56, 80
Standogramm 71, 72
Status 14, 47, 50, 98–101, 104, 105
Storytelling 30

T

Teamarbeit 30, 63, 84, 86, 87, 91, 94
Teambuilding 38
Teamrollen 37, 86–89, 95, 98
Theater 9, 19, 35, 37, 44, 45, 55, 68, 86, 117
Theatermethoden 15, 29
theaterpädagogische Prinzipien 42
Theaterraum 19
Theaterspielen 14, 26
theatrale Handlung 12
Timeboxing 36
Trial and Error 25, 60, 64

Stichwortverzeichnis

U
Unsicherheit 1, 2, 11, 12, 25, 35, 36, 51, 60, 62, 72, 117, 132
Unternehmensführung 84, 94, 96, 108, 132
User Story 50

V
Veränderung 6–8, 23, 36, 38, 62, 65, 75, 118–120, 132
Verantwortung 15, 17, 18, 24, 71, 78, 83, 85, 91, 94, 95, 110, 117, 119
Verfremdung 106, 108

Verständlichmacher 105
Verträglichkeit 14, 15, 98
Vision 1, 18, 117
Volition 14, 70
VUCA 1, 60

W
Wahrnehmung 5, 6, 10, 13, 16, 17, 45, 50, 63, 69, 83, 89
Wandel 1
Warming-up 27
Work-in-progress 108

MIX
Papier aus verantwortungsvollen Quellen
Paper from responsible sources
FSC® C105338

If you have any concerns about our products,
you can contact us on
ProductSafety@springernature.com

In case Publisher is established outside the EU,
the EU authorized representative is:
**Springer Nature Customer Service Center GmbH
Europaplatz 3, 69115 Heidelberg, Germany**

Printed by Libri Plureos GmbH
in Hamburg, Germany